부동산 부자만
아는
비밀 세테크

부동산 부자만  아는 비밀 세테크

김동완 박정현 지음

CONTENTS

STEP 3
아는 만큼 보이는
세테크 3단계
–
보유세 편

🏠 STEP **6**
아는 만큼 보이는 세테크 6단계 - 비과세 편

⌂ STEP 7
아는 만큼 보이는
세테크 7단계
-
중과세 편

⌂ STEP **8**
아는 만큼 보이는
세테크 8단계
-
부동산 법인과
부동산 대책 편

부동산 투자의 핵심은 세금이다

전 세계적으로 경기 불황이 겹치면서 내수경기가 침체되는 가운데, 정부는 수많은 경기 부양책을 쏟아냈고, 금융권은 금리를 인하하게 되면서 현금 유동성이 크게 증가했다. 이렇게 시중에 풀린 돈은 상당 부분 부동산으로 흘러 들어감에 따라 남녀노소 할 것 없이 부동산 투자 열풍을 불러일으켰다. 특히 자본력이 있는 사람들에게는 그 어느 때보다도 부동산 투자에 관심이 쏠리는 시기다.

연이은 세제 정책은 부동산 시세와 임대사업에 큰 영향을 끼치며 실수요자들만 살아남을 수 있도록 분위기를 변화시키고 있다. 정책의 잦은 변덕 때문인지 그 어느 때보다도 세무 상담 시장의 열기가 뜨겁다. 열기가 뜨거운 만큼 부동산 세테크에 대한 관심이 크지만 '누더기세법', '양포세(양도세 포기 세무사)'라는 용어가 생겨날 만큼 부작용도 적지 않은 것이 현실이다.

그렇다면 모든 사람들이 세제 정책으로 인해 피해를 볼까? 언제나 그랬듯이 위기를 기회로 활용하여 투자를 이어 나가는 사람들도 있다. 정책에는 빈틈이 있기 마련이어서 미리 대비하여 탄력적으로 대응한다면 세 부담에서 조금 자유로울 수 있다.

이 책을 통해 독자들이 부동산 세테크의 달인이 되는 것까지는 바라지 않는다. 다만, 최소한의 필수적인 지식을 통해 자신의 재산을 지킬 수 있는 사람이 됐으면 하는 바람이 크다. 더 이상은 미뤄둘 수 없다. 이제부터라도 부동산 투자에 대한 세금 공부를 시작하자.

부동산 투자는 누가 할까?

부동산을 구매하는 부류는 크게 세 가지 유형으로 나눠볼 수 있다. 첫 번째 유형은 무주택 실수요자로서 내 집 마련을 위해 노력하는 30~40대다. 아마 이 유형이 가장 많을 것이며 언론 정보에 의해 많이 휘둘린다.

두 번째 유형은 자본력이 부족해 부모 찬스와 최대한도의 대출을 활용하여 주택을 구입하는 사회 초년생이다. 이들은 국세청 자금 출처 조사의 표적이 되기 쉽다.

세 번째 유형은 여유 자금이 있어 부동산 매매로 차익을 만들고 싶어 부동산 투자를 하는 사람들이다. 부동산 대책의 영향을 가장 많이 받는 유형으로 볼 수 있다. 아무래도 주택 상담 업무를 하다 보면 많은 고객들이 세 번째 유형에 속한다. 상담을 하다 보면 저마다 세법에 대한 지식이 천차만별이라는 점을 확실하게 느낀다. 전문가 못지않은 지식을 가지고 있거나 엉뚱하게 알고 있는 분도 계신다.

성공적인 부동산 투자를 위해서 결국 최종 단계에 직면하는 것이 세금 문제이므로 전문세무사와 상담을 통해 마침표를 찍는 분들도 계시는 반면 세금 문제를 별로 중요하게 생각하지 않아 뉴스나 기사, 주변사람들에게 접한 지식을 통해 해결하려는 분들도 존재한다. 허나 해당 지식에 대해 검증이 되어 있지 않은 상태로 다른 사람 말만 듣고 세금 문제를 처리하다 보면 불상사가 생기기 마련이다.

왜 누구는 비과세고, 누구는 중과세일까?

비슷한 케이스라 하더라도 한 명은 비과세를 받아 세금 한푼 내지 않는데 한 명은 중과세를 받아 수억 원의 양도소득세를 부담하는 일이 종종 발생한다.

계약일 또는 잔금일 하루 차이로 1세대 1주택 비과세는커녕 다주택자 중과세가 될 수 있기 때문에 그만큼 부동산 세법에 대한 지식이 중요하다고 할 수 있다. 지금과 같이 새로운 부동산 정책들이 쏟아져 나오는 때에는 내 재산을 보호하기 위해 그 어느 때보다도 세테크에 충분한 관심을 가져야 한다고 확신한다.

『부동산 부자만 아는 비밀 세테크』는 이제 막 부동산 거래를 하기 시작했거나 투자에 관심이 생긴 분들과 부동산 투자를 하면서 세법을 잘못 이해해 엄청난 손해를 보신 분들을 위해 세무적인 포인트 위주로 부동산 세금과 흐름을 최대한 쉽게 풀어낸

책이다. 부동산 취득부터 보유와 처분 단계까지 발생하는 세무 이슈들을 초보자도 쉽게 이해할 수 있도록 충분한 설명과 예시를 통해 풀었다.

아는 것이 많을수록 세금을 아낄 수 있다

복잡하고 세세한 내용을 주로 다루기보다는 부동산 관련 세법이라는 큰 틀을 확실하게 이해하는 데 초점을 맞췄으며, 세법을 처음 접하는 독자들을 위해 'Step 1'에서 부동산 세금에서 꼭 알아야 할 용어를 먼저 설명했다.

『부동산 부자만 아는 비밀 세테크』를 통해 많은 분들이 부동산 세금의 흐름을 완전히 이해하고 절세 전략을 세우는 데 도움이 되기 바란다.

2022년 3월

세무사 **김동완, 박정현**

아는 만큼 보이는
세테크 1단계
–
세법 용어 편

01

용어 이해하면서
세금과 친해지기

세법 기본 개념

양도

양도는 재산이나 물건, 권리 등을 남에게 대가를 받고 팔거나 넘겨주는 것을 말한다. 법률적으로 설명하면 자산에 대한 등기 또는 등록과 관계없이 그 자산을 '유상'으로 이전하는 것이며, 양도는 매도, 교환, 법인에 대한 현물출자 등도 포함한다.

여기서 '등기 또는 등록에 관계없이'라는 표현은 미등기전매▪를 통해 탈세 행위를 막기 위해 들어간 것이다. 다만, 미등기전매인 경우에는 중과세율을 적용하여 득보다 실이 많으니, 꼭 참고하자. 이는 탈세에 해당한다.

매도는 돈을 받고 물건의 소유권을 다른 사람에게 넘기는 것을 말한다. 내 물건을 팔고, 상대방 물건을 대가로 받는 교환은 어떨까? 대가로 상대방의 물건을 받는 것이니 당연히 이것도 양도에 해당한다. 상대방으로부터 금전뿐만 아니라 재산적 가치가 있는 무언가를 받는다면 모두 양도에 해당한다.

▪ 등기를 하지 않은 부동산을 도로 다른 사람에게 팔아넘기는 것을 말하며, 이는 세금을 회피할 목적으로 이용되곤 한다. 최근 토지거래허가구역(토지의 투기 거래가 성행하거나 땅값이 급격히 상승하는 지역에 대해 5년 이내만 토지거래계약을 허가받도록 지정하는 구역)의 토지를 미등기전매하고 세금을 탈루한 경우 고율의 중과세 처분뿐만 아니라 형사처벌도 가능하다는 대법원의 판결이 있었다.

증여

증여는 물품을 다른 사람에게 대가 없이 주는 행위다. 이를 법률적으로 설명하면 재산을 무상으로 상대방에게 수여하는 의사를 표시하고 상대방이 이를 승낙하여 성립하는 행위를 말한다. 이는 누군가가 채무를 면제하거나 인수 또는 변제를 받음으로써 얻게 되는 이익도 포함한다.

증여는 무상으로 얻는 것으로 '대가 없이'라는 부분이 가장 중요하다. 채무를 대신 갚아주는 것도 증여에 해당한다. 양도는 대가를 지불하고 맺는 계약이지만 증여는 대가를 지불하지 않고 맺는 계약인 것이다. 따라서 증여는 부모 자식 간에서 자주 발생한다. 물론 부부나 연인 사이에도 일어날 수 있다.

상속

상속은 일반적으로 부모가 사망하면 부모의 재산을 자식이 물려받는 것 정도로 알고 있는데 사실 범위가 굉장히 넓다. 상속은 일정한 친족 관계가 있는 사람이 사망하거나 법률상의 원인이 발생했을 때 재산적 또는 친족적 권리와 의무를 포괄적으로 승계하는 것을 말한다. 즉, 상속은 재산에 관한 권리와 의무를 이어받는 것인데 채무도 물론 상속 대상에 해당한다. 이렇게 무상으로 이전되는 재산에 대해 부과되는 세금이 바로 상속세다.

상속은 부모에게만 받는 것이 아니라 친족 관계거나 유언에 의해서도 받을 수 있다. 부모에게 재산을 상속받으면 나름 경제적 풍요를 이룰 수 있기에 좋은 일이지만, 반대로 자산 규모를 초과하는 채무까지 상속으로 받을 수 있는데 이럴 때는 상속에 대한 권리를 포기하는 방법도 있다.

상속세는 상속으로 인한 재산에 대해 부과되는 세금이다. 상속세는 '사망'이라는 원인이 있어야 하기 때문에 생애 한 차례만 발생한다는 특징이 있다. 증여세와의 공통점은 재산이 무상으로 이전된다는 점에서 유사하다.

하지만 증여는 주는 사람(증여자)과 받는 사람(수증자) 간의 합의에 의하여 이뤄지는 계약인 데 반해, 상속은 강제로 상속하는 사람의 모든 재산과 부채가 상속인들에게 전체적으로 포괄 승계된다는 점에서 가장 큰 차이점이 있다.

비과세

비과세는 국가가 세금을 부과할 수 있는 과세권이 없는 것으로, 세금 자체가 발생하지 않기 때문에 신고 의무도 없는 것이 특징이다. 대표적으로 1세대 1주택 양도소득세에 대한 비과세가 있으며, 이자소득에 대한 비과세를 적용하는 비과세 금융상품도 같은 맥락으로 이해할 수 있다.

감면

조세감면은 정부가 특정한 정책적 목적을 달성하기 위하거나 과세 기술상의 이유로 과세해야 할 일정한 세액을 경감하거나 면제해주는 것을 말한다. 감면은 비과세와 다르게 국가에 과세권이 있으므로, 100% 세액 감면을 받는 경우라 하더라도 양도소득세 신고 의무가 있다. 따라서 세금을 감면받더라도 감면신청서를 작성하여 반드시 제출해야 한다. 또한 일부 규정의 경우 감면받은 세금의 20%는 농어촌특별세▪로 납부하기도 한다.

조세감면의 일례로 2009년에서 2010년 사이에 대통령령으로 정한 미분양 주택을 취득하는 경우 5년간 발생한 양도소득에 대해서는 양도소득세를 60% 또는 100% 감면해주는 정책이 시

▪
농업과 어업의 경쟁력을 강화하고 농어촌 지역을 개발하거나 산업 기반 시설을 확충하는 데 필요한 재원을 마련하기 위해 소득세, 취득세, 종합부동산세 산출시 부과되는 세금으로, 1994년 7월부터 부과되고 있다.

행되기도 했다. 이 경우 감면받은 세금의 20%는 농어촌특별세로 납부를 해야 한다.

과세표준

과세표준이란 세금을 부과하는 데 있어서 그 기준이 되는 금액을 말하며, 줄여서 '과표'라고 말하는 경우가 많다. 소득, 재산, 소비 등에 대한 세액을 산정하기 위한 기초로, 그 단위는 금액, 가격, 수량 등으로 표시된다. 모든 수익에서 공제 항목들을 모두 차감하고 나면 과세표준이 되고, 과세표준에 세율을 곱하면 납부해야 할 세금이 나온다. 즉, 세율을 곱하기 직전 단계의 금액이 바로 과세표준에 해당한다. 과세표준은 자주 등장하는 용어이니, 낯설더라도 숙지해놓는 것이 좋다.

세금 = 과세표준 × 세율

세율

세금을 논하는데 세율이 빠질 수 없다. 소득세법상 세율은 크게 단일세율, 기본세율, 중과세율 3가지로 분류할 수 있다.

✅ 단일세율

누진세율과 반대되는 개념으로, 과세표준의 높고 낮음에 관계없이 일정하게 적용되는 세율이라고 생각하면 된다. 과세표준이 100만 원일 때와 1억 원일 때 단일세율이 적용된다면 같은 세율이 적용된다.

예를 들어, 단일세율이 50%라고 한다면 과세표준이 1억 원일 때 세금은 5,000만 원이 되는 것이며, 과세표준이 100만 원일 때 세금은 50만 원이 된다. 대표적으로 부동산을 단기(2년 미만)로 보유하는 투기성 거래에 대해서는 높은 단일세율이 적용된다.

부동산 투기 근절을 위해 2021년 6월 1일 이후 양도하는 주택부터는 1년 미만 보유 후 양도할 때 차익의 77%, 2년 미만 보유 후 양도할 때 차익의 66%의 높은 단일세율이 적용된다.

✅ 기본세율

기본세율은 말 그대로 세법에서 말하는 가장 기본적인 세율이다. 기본세율은 전기요금과 같이 누진세율 구조를 가지고 있다. 따라서 과세표준 구간마다 세율이 달라진다. 현행 세법상 기본세율은 6~45%로, 8단계 초과누진세율 구조로 되어 있다. 과세표준 구간이 10억 원을 초과하면 10억 원 초과분에 대해서는 45%의 세율이 적용된다. 생각보다 높은 세율에 적잖이 놀랐을 텐데 이는 OECD 국가 중 7번째로 높은 세율이다.

참고로, OECD 국가 기준 소득세 최고세율 순위를 보면 오스트리아(55%), 네덜란드(51.8%), 벨기에(50%), 이스라엘(50%), 슬로베니아(50%), 포르투갈(48%) 다음이 대한민국(45%)이다.

✅ 중과세율

중과세율은 보통의 기본세율에 일정 비율을 더 많이 부과하는 세율이다. 중과세를 부과하는 데에는 정책적인 목적이 있다. 우리에게 가장 친숙한 것이 다주택자에 대한 양도소득세 중과세일 것이다. 주택에 대한 투기 수요 근절과 주택시장에 대한 과열을 막기 위한 취지로 2018년 4월 1일 이후 양도하는 주택에 적용이 됐다.

다른 예로 '수도권과밀억제권역'에서 법인이 본점을 설립하

과밀억제권역의 구분
(출처 https://newsis.com/view/
?id=NISX20201229_0001287303
&cID=13001&pID=13000)

거나 지점을 설치하는 등의 경우 취득세, 등록면허세에 중과세가 적용된다. 이는 수도권이 더 이상 과밀화되는 것을 막고, 지역 간 균형 개발을 위한 정책적인 목적이 있다. 정부는 수도권의 정비와 발전의 균형을 맞추기 위해 과밀억제권역, 성장관리권역, 자연보전권역으로 구분하고 있다.

이처럼 중과세는 정부의 어떤 정책적 목적 달성을 위한 수단으로 자주 활용이 된다. 그러나 과도한 세금 부담은 국민의 재산권 침해와도 직결되기 때문에 면밀한 검토가 요구되는 부분이며 국민의 큰 저항을 받기도 한다.

과세제도

✅ 정부부과 과세제도

정부부과 과세제도는 정부(과세관청)가 조세채권을 구체적으로 확정하는 지위에 있는 제도를 말한다. 정부부과제도라고도 하며, 쉽게 설명하자면 정부의 부과 처분에 따라 이미 성립한 납세의무를 확정하는 제도인 것이다. 납세자가 신고한 내용을 바탕으로 세무서가 세액을 결정하고 고지하는 것을 의미하며, 따라서 정부 부과 세목의 경우 납세자가 제출한 신고 자료는 과세관청이 조세채권▪을 확정하는데 있어서 참고적 자료에 불과하다.

정부 부과 세목 중 대표적인 것이 상속세와 증여세로, 상속세 신고를 한 후 해당 신고 내용이 적정한지 여부를 검토하여 해당 상속세와 증여세를 결정하기 위해 필수적으로 세무조사가 수반된다.

✅ 신고납부 과세제도

신고납부 과세제도의 경우에는 정부부과 과세제도와 반대되는 개념으로 납세자 자신이 1차적으로 자신의 조세 채무를 구체적으로 확정하는 지위에 있다. 쉽게 말해 납세자 자신이 세법에 근거하여 과세표준 또는 세액을 스스로 결정하고 신고하는 것을 의미하며, 신고납부제도라고도 한다.

신고납부 과세제도는 정부와 납세자 간 상호 신뢰가 전제되는 민주적이고 이상적인 세무 행정이다. 물론 제도가 투명하고 정상적으로 운영되려면 납세자와 정부, 전문세무사 등의 역할이 상당히 중요하고, 법 제도의 정비 또한 충분히 뒷받침돼야 할 것이다. 현행 세법상 법인세, 소득세, 부가가치세 등 많은 세목이 신고납부 과세제도를 채택하고 있다.

■ 국가 또는 지방자치단체가 조세를 징수하는 권리를 말한다.

주택 구분

공동주택

공동주택이란 여러 가구가 한 건축물 안에서 각각 따로 독립된 생활을 할 수 있게 설계하여 지은 큰 집을 의미한다. 공동주택은 다음과 같이 아파트, 연립주택, 다세대주택 3가지로 분류할 수 있다.

✅ 아파트

5층 이상의 건물을 층마다 여러 집으로 일정하게 구획하여 각각의 독립된 가구가 생활할 수 있도록 만든 공동주택이다. 국토 면적이 작은 우리나라에서 가장 많이 볼 수 있는 주거 형태다.

✅ 연립주택

한 건물 안에서 여러 가구가 각각 독립된 주거생활을 할 수 있도록 지은 공동주택이다. 아파트보다 작으며, 동당 건축 연면적이 660㎡(199.65평)를 초과하는 4층 이하의 건물이다. 연립주택이 다세대주택, 다가구주택과 다른 점은 건축 연면적이 660㎡를 초과한다는 점에서 차이가 있다.

✅ 다세대주택

공동주택의 일종으로 동당 건축 연면적이 660㎡ 이하이고, 4층 이하인 주택을 말한다. 한 건물임에도 다수의 세대가 거주할 수 있는 주거 공간이 별도로 분리되어 있다. 따라서 각 세대별로 등기를 별도로 하여 소유나 분양, 양도가 가능하며, 양도소득세도 각 세대별로 과세된다는 특징이 있다.

　다세대주택의 경우 건축 연면적이 660㎡ 이하라는 점과 세대 수가 19세대 이하로 구성된다는 점에서 다가구주택과 비슷하다. 그러나 다가구주택이 단독주택으로 분류되고 연속 3개 층까지 건축할 수 있는 데 비하여, 다세대주택은 공동주택으로 분류되어 연속된 4개의 층까지 건축할 수 있다는 점에서 큰 차이가 있다.

단독주택

단독주택은 한 세대가 하나의 건축물 안에서 독립된 주거생활을 할 수 있는 구조로 된 주택으로, 공동주택이 아닌 주택을 의미한다. 단독주택의 종류에는 단독주택, 다가구주택, 다중주택 3가지가 있다.

✅ 단독주택

한 가구가 생활할 수 있도록 건축된 일반 단독주택을 의미한다. 단일 가구를 위해 단독 택지 위에 건축하는 형식이며, 비교적 가족 단위의 개체성이 잘 보존되며, 개인 취향에 맞게 건축 및 주거 계획을 세울 수 있다는 장점이 있다. 다만, 토지 이용 측면에서는 효율이 가장 낮을 수밖에 없는 주거 형태다.

■
한 동의 건물을 독립된 부분으로 나눌 때 해당 부분을 양도하거나 임대하기 위해 여러 개의 건물로 등기하는 것을 말한다.

■■
건축물의 1층을 기둥만 서는 공간으로 둬서 주차장으로 활용하고, 2층 이상부터 주거 공간을 만드는 것을 말한다. 르코르뷔지에가 제창한 근대 건축 방법 중 하나다.

✅ 다가구주택

다음의 요건을 모두 갖춘 주택으로, 공동주택에 해당하지 않는 것을 다가구주택이라고 한다. 단독주택의 한 형태이다 보니 구분 등기*가 되지 않는 것이 원칙이며, 이 경우 1개의 주택으로 본다.

- 주택으로 쓰이는 층수(지하층 제외)가 3개 층 이하일 것 (1층 바닥면적의 전부 또는 일부를 필로티 구조**로 하여

주차장으로 사용하고, 나머지 면적을 주택 외의 용도로 사
용하는 경우에는 해당 층을 주택의 층수에서 제외)

- 한 동의 주택으로 쓰이는 바닥면적의 합계가 660㎡ 이하
  일 것

- 19세대 이하가 거주할 수 있을 것

✔ 다중주택

단독주택의 한 형태로, 학생 또는 직장인 등 다수인이 장기간 거
주할 수 있는 구조로 되어 있고, 독립된 주거 형태를 갖지 않은
것이 특징이다. 따라서 각 호실별로 욕실은 설치가 가능하나, 취
사 시설을 설치할 수 없다는 특징을 가지고 있다.

다가구주택과 마찬가지로 1개 동의 주택 바닥면적 합계가
660㎡ 이하이고, 주택용으로 사용하는 층수가 3개의 층 이하
여야 한다.

준주택

준주택은 고령화 및 1~2인 가구 증가 등 변화된 주택 수요 여건
에 대응하여 주택으로 분류되지 않으면서 주거용으로 활용이
가능한 주거시설의 공급을 활성화하기 위해서 2010년 7월 '주택
법' 개정에 따라 최초로 정의됐다.

준주택의 종류로는 기숙사, 고시원, 노인복지주택, 오피스텔
이 있고 이 중 가장 흔히 접할 수 있는 준주택으로 오피스텔을
꼽을 수 있다(이 책에서 준주택이라 함은 오피스텔을 지칭함).

오피스텔은 주택이 아니지만 주택으로 간주될 수 있는 대표
적인 부동산 물건이다. 세법상 실질과세원칙■에 따라 주택으로

■
실질과세원칙이란 법 형식
에도 불구하고, 실질의 내
용에 따라서 과세한다는 원
칙이다.

사용되는 경우(전입신고, 임대사업자 등록)에는 주택으로 본다. 따라서 공부상 업무용 시설로 분류되어 있다 하더라도 실제 사용 용도가 주택이라면 세법에서는 이를 주택으로 간주하여 판단하고 있으니 반드시 주의하도록 하자.

그 외

부동산 규제 지역

✅ 조정대상지역

조정대상지역은 부동산 시장 과열을 막기 위해 정부가 주택법에 근거해 지정하는 지역을 말한다. 주택가격 상승률이 물가상

색이 칠해진 부분은
2022년 1월 현재
조정대상지역 지정 현황
(출처 https://hogangnono.com)

승률의 2배 이상이거나 청약 경쟁률이 5대 1 이상인 곳 등이 해당된다. 조정대상지역으로 지정되면 해당 지역은 주택담보대출 시 담보인정비율(LTV)■이 30~60%, 총부채상환비율(DTI)■■이 50%로 제한된다.

세금 측면에서는 조정대상지역을 유의해서 살펴볼 필요가 있다. 다주택자가 조정대상지역 내에 있는 주택을 양도하는 경우 양도소득세 중과세가 적용되기 때문이다.

■
은행에서 집을 담보로 돈을 빌려줄 때 대출 가능 한도를 나타내는 비율. 보통 기준 시가가 아닌 시가의 일정 비율로 정한다.

■■
연간 소득에서 금융 부채의 연간 원리금 상환액이 차지하는 비율. 과도한 대출을 막기 위해 소득을 기준으로 대출한도를 정할 때 계산하는 비율이다.

✅ 투기과열지구

주택 투기 수요 근절과 주택시장 과열 요인 차단, 무주택자 등의 실수요자 보호를 위하여 주택가격 급등과 투기 수요의 주택시장 유입 우려가 큰 곳에 지정한다. 최근 2개월간 신규 아파트 청

• 현재 투기과열지구 지정 현황
(2022년 1월 기준)

전국 구분	지정 지역
서울 특별시	25개구(서울 전 지역)
세종특별자치시	행정중심복합도시 예정 지역에 한함
경기도	과천시, 성남시 분당구, 광명시, 하남시, 성남시 수정구, 수원시, 안양시, 안산시 단원구, 구리시, 군포시, 의왕시, 용인시 수지구, 용인시 기흥구, 화성시(동탄2)
인천시	연수구, 남동구, 서구
대구시	수성구
대전	동구, 중구, 서구, 유성구
경남	창원시 의창구(동지역, 북면 감계리 일원 감계지구, 무동리 일원 무동지구)

약 경쟁률이 5대 1 이상이거나 전용면적 85㎡ 이하 주택 청약 경쟁률이 10대 1을 초과할 경우에 지정할 수 있다. 투기과열지역으로 지정되면 등기할 때까지 분양권 전매제한, 청약 1순위 제한, 5년 이상 무주택자에게 신규 주택 75% 우선 공급, 조합원 지위 양도금지 등의 제한이 따른다.

✅ 투기지역

국토교통부 주거정책심의위원회를 통해 직전월 주택가격 상승률이 전국 소비자물가 상승률 130%를 초과하는 등 정량 요건을 갖추면서 부동산 가격 급등이 다른 지역으로 확산될 우려가 있다고 판단된 지역을 '투기지역'으로 지정한다. 주택담보대출 건수가 가구당 1건으로 제한되고, 2건 이상 아파트 담보대출이 있는 경우 주택담보대출 연장이 제한된다. 투기지역 지정은 정부 규제 가운데 가장 강도가 센 것으로 평가받는다.

• 현재 투기지역 지정 현황
 (2022년 1월 기준)

전국 구분	지정 지역
서울 특별시	강남구, 서초구, 송파구, 강동구, 용산구, 성동구, 노원구, 마포구, 양천구, 영등포구, 강서구, 종로구, 중구, 동대문구, 동작구
세종특별자치시	행정중심복합도시 예정 지역에 한함

문턱효과

문턱 높이까지 발을 들어올려야 문지방을 넘어설 수 있는 것처럼 일정한 수준에 이르러야 발생하는 효과를 말한다. 세금과 관련해 문턱효과가 발생하는 대표적인 경우가 바로 1세대 1주택 양도소득세 비과세와 관련한 기간 계산이다. 조정대상지역 내 위치한 주택을 취득하여 양도하는 경우 취득일로부터 2년 이상 보유하고, 보유 기간 중 2년 이상 거주해야 한다. 2년 중 단 하루라도 부족하면 비과세를 받을 수 없기 때문에 기간을 정확하게 계산하지 않는다면 상당한 재산 손실을 초래할 수 있으니 주의해야 한다.

세부담상한

세부담상한은 전 연도 납부세액과 비교해 당해 연도 세 부담액의 상한을 정해놓는 제도로써, 재산세와 종합부동산세에 적용되고 있다. 주택공시가격의 갑작스런 상승으로 인하여 당해 연도 보유세가 급격하게 증가하는 부분에 대해서 무한정 과세를 하게 되면 국민의 재산권 침해의 소지가 있기 때문에 세부담상한을 통해 이를 방지하고 있다.

농어촌특별세

취득세나 종합부동산세를 보면 농어촌특별세가 과세되는 경우가 있다. 많은 사람들이 농민이나 어민이 아닌데 왜 세금을 내야 하는지 이해하지 못해 의아해할 수 있다. 농어촌특별세는 1994년 세계 각국이 모여 무역 자유화에 합의한 우루과이라운드를 계기로 탄생한 세금으로, 농수산물 시장 개방을 하면서 정부가 국내 농업력 강화와 농어촌산업기반시설의 확충 그리고 농어촌지역개발사업을 위해 필요한 재원을 확보하기 위해 1994년 7월부터 소득세나 취득세, 종합부동산세 등 산출시 부과하기 시작했다. 애초에 10년 동안만 한시적으로 적용하려 했으나 농산물 시장 추가 개방이 이뤄지면서 10년씩 2번 연장되어 현재 2025년까지 부과할 예정이다.

농어촌특별세는 모든 세목에 적용되는 것은 아니다. 소득세, 법인세, 관세, 지방세 감면액에서 20% 세율로 부과하고 있고, 이자와 배당소득 감면액에는 10%, 사치성 품목을 구매할 때 발생되는 개별소비세액에는 10%, 골프장이나 경륜장, 카지노 등에 입장할 때 부과되는 개별소비세액에는 30%, 증권거래 금액에 부과할 때는 0.15%, 취득세액에서는 10%, 종합부동산세액에서는 20%가 부과된다.

차용

차용은 돈이나 물건 따위를 빌려 쓰는 행위를 말한다. 최근 2030세대가 부동산 시장의 신규 매수 주체로 나서면서 부동산 열기가 더욱 뜨겁다. 자금력이 상대적으로 부족한 2030세대의 경우에는 주로 부모님으로부터 증여를 받거나 차용을 통해 자금을 조달하고 있다. 차용은 자금을 빌리는 금전대차 계약이므로 원금 상환과 이자의 지급이 계약서에 따라 적시에 이뤄져야 함을 명심하자.

특수관계인

특수관계인은 일반적으로 한 회사의 대주주와 그의 친인척, 그 기업에 출자해 자금 관계를 맺은 사람 등을 말한다. 특수관계인 간에는 일반적으로 조세 부담이 적어지는 방향으로 거래가 이뤄지는 경우가 많기 때문에 세법에서는 이에 대한 일정한 규제를 가하고 있다. 규제 대상이 되는 특수관계인의 범위로는 배우자와 친인척, 경제적 연관관계가 있는 임원과 사용인, 법인의 경영에 지배적인 영향력을 행사할 수 있는 경영 지배 관계 등이 있다.

실질과세원칙

세법의 해석 및 과세요건**의 검토는 공평과세****가 이뤄지도록 실질에 따라야 한다는 세법 고유의 원칙이다. 과세요건이 법 형식에만 치우치다 보면 정확한 과세가 이뤄지지 않을 수 있고, 혹은 무리한 과세로 국민의 재산권을 침해할 수도 있다. 따라서 이에 대한 보완책으로 실질과세원칙을 적용하고 있다.

예컨대 사업자등록증상의 명의자와 사실상의 사업자가 서로 다른 경우에는 실제로 사업을 영위한 사실상의 사업자에게 조세를 부과한다.

거주자

국내에 주소를 두거나 국내에 183일 이상 거주지를 둔 개인을 말한다. 소득세법에서는 납세의무의 범위를 정함에 있어 거주자와 비거주자를 달리 취급하고 있기 때문에 해당 구분이 중요하다. 거주자와 비거주자는 국적과는 다른 개념으로 외국인이라 할지라도 국내에 주소를 두거나 183일 이상 거주지를 둔 경우에는 거주자에 해당한다.

예를 들어, 국내에서 연예인으로 오랜 기간 생활한 샘 해밍턴 같은 경우 호주사람으로서 외국인이지만 국내에 주소가 있으므로 거주자에 해당한다.

거주자의 경우에는 전 세계에서 발생한 소득에 대해 납세의무를 부담하는, 무제한 납세의무자에 해당한다. 다만 외국에서 납부한 세액에 대해서는 차감하고 과세하는 외국납부세액공제가 존재하므로 이중과세****에 대한 문제 소지는 다소 적다.

■
국가가 과세권을 시행하는 데 반드시 필요한 요소로, 납세의무자, 과세 물건, 과세표준, 세율 등을 말한다.

■■
소득이 같으면 공평하게 같은 액수의 세금을 내야 하는 것을 말한다.

■■■
동일한 과세기간에 동일한 과세대상에 대하여 2개의 동일 또는 유사한 조세가 부과되는 것을 말한다.

비거주자

국내에 주소를 두거나 183일 이상 거주지를 둔 개인을 거주자라고 하는데 비거주자는 거주자가 아닌 사람을 말하며 국내 원천 소득이 생긴 개인을 말한다. 거주자와 비거주자의 구분은 국적과 아무런 관계가 없고, 국내에 주소 또는 일정 기간 이상 거주지를 두고 있는가에 따라 판정한다.

예를 들어, 영국 토트넘 구단에서 축구선수로 활동하는 손흥민 선수 같은 경우 국내에 주소를 두고 있지 않다면 1년 중 국내에서 생활하는 기간이 짧기 때문에 비거주자에 해당한다.

비거주자에 해당하면 국내에서 발생한 소득에 대해서만 납세의무를 지는, 제한납세의무자에 해당하며 열거하고 있는 일부 소득에 대해서만 과세한다. 제한된 소득에 대해서만 과세한다니 비거주자가 더 좋아 보이지만 1세대 1주택 비과세 등 과세 혜택에 대해서는 비거주자를 제외하고 있으므로 마냥 좋지만은 않다.

02

부동산 세금의
흐름

취득하고,
보유하고, 양도한다

어느 정도의 목돈을 갖고 있는 사람들 대다수가 부동산 재테크를 한다고 해도 과언이 아닐 정도로 부동산은 안정적인 자산을 만들어주는 데 큰 몫을 담당한다. 특히 부동산 투자는 규제와 제한을 일일이 따져봐야 할 뿐만 아니라 막상 투자를 하게 되면 세금으로 시작해 세금으로 끝날 정도로 세금과의 전쟁을 치러야 한다.

개발도상국에서 선진국으로 가는 과정에서 부동산 투자는 재테크의 일환으로 여겨왔지만 지금은 생존형 재테크에 가까울 정도로 노후를 안정적으로 보내기 위해 투자하는 경우가 많다. 아니면 젊은 세대들이 안정적으로 살 집 하나를 마련하기 위한 투쟁일지도 모른다. 내 집 마련에서 부동산 재테크까지 부동산을 열거하게 되면 세금이 빠질 수 없기에 세금에 대한 지식과 함께 절세를 위한 세테크는 매우 중요한 부분이라고 할 수 있다.

특히 정부는 부동산 투기 과열을 막기 위해 부동산 세금을 강화하는 쪽으로 방향을 잡았기 때문에 부동산 세금을 모르면 얼떨결에 세금 폭탄을 맞을 수 있으니 세테크의 중요성은 더욱 커

취득 단계 (매수)	보유 단계	양도 단계 (처분)

·취득세 ·주택자금조달계획서 제출	·재산세 ·종합부동산세 ·종합소득세	·양도소득세

질 것이다.

　부동산 세금은 취득하고, 보유하고, 양도하는 모든 단계에서 붙는다. 취득 단계에선 취득세를 내야 하고, 보유 단계에선 재산세, 종합부동산세, 종합소득세를 내야 하고, 양도 단계에선 양도소득세를 내야 한다. 그렇다면 각 단계별로 자세하게 알아보자.

취득 단계

취득세

일반적으로 부동산을 취득하고자 하면 해당 부동산 소재지 공인중개사를 통해 계약이 성사되고 대금 지급은 계약금, 중도금, 잔금의 형태로 진행하게 된다. 비로소 잔금을 치르고 나면 해당 부동산 소재지 관할 시, 군, 구청에 취득세를 납부하면서 소유권을 이전받게 된다. 등기이전 절차는 법무사를 통하는 것이 일반

■
셀프등기의 경우, 인터넷
등기소 홈페이지(http://
www.iros.go.kr/)를 통해서
진행할수있다.

적이나 등기절차도 전산화되어 직접 진행하기에 많이 어렵지 않
으므로 최근에는 셀프등기 ▪ 를 하려는 분들이 많아지는 추세다.

주택자금조달계획서

주택자금조달계획서는 부동산을 구매할 때 구매 자금에 대한
정확하고 구체적인 출처를 밝히는 서류로써 많은 사람들이 이를
가볍게 여겨 정확하게 밝히지 않고 대략적으로 기재하는데 현재
규제지역(투기과열지구나 조정대상지역) 내 모든 주택 취득에
따른 주택자금조달계획서 제출이 의무화됐기 때문에 계획서를
허위로 작성하게 되면 과태료, 세무조사 등의 위험을 초래할 수
있다.

정부가 구매자금 출처를 중요시하는 이유는 신고되지 않은
증여받은 금액이나 누락한 사업소득이나 근로소득 등으로 집
을 구매했는지에 대한 조사가 필요하며 이를 통해 세금을 탈루
하는 상황을 방지하고자 하기 때문이다.

원칙적으로 증여를 받으면 증여세가 부과되고, 사업소득이나
근로소득이 있는 경우 소득세를 내는 것이 정상이다. 허나 이를
피하기 위해 편법 증여로 인해 탈세가 이뤄지거나 매출 누락을
이용해 사업소득에 대한 탈세가 이뤄지는 경우가 종종 있기에
이를 막고자 하는 장치로 볼 수 있다. 주택자금조달계획서의 경
우 계약일로부터 30일 내에 제출해야 하니 반드시 체크하도록
하자.

보유 단계

재산세

재산세는 보유하고 있는 일정한 재산에 대해 부과하는 세금이

다. 즉, 부동산을 보유하게 되면 내는 세금이 바로 재산세인데, 따로 경제행위를 하지 않음에도 가지고 있는 재산에 대해 세금을 부과하는 취지는, 토지라는 한정된 국가 자원에 대한 사용료 정도로 이해할 수 있다. 이러한 조세를 통하여 국가는 지방자치단체 재정의 확충을 추구하며, 고액자산가의 재산이나 소득에 대한 재분배를 실현하고 있다.

각 지방자치단체는 매년 6월 1일을 기준으로 부동산을 소유한 자에게 재산세를 부과하고 있다. 부동산의 경우 공시가격이 재산세 부과 기준이 되기 때문에 공시가격이 오르는 만큼 재산세도 증가하게 된다. 따라서 재산세는 공시가격을 기준으로 일정 세금이 부과되기 때문에 단독 명의와 공동 명의 여부가 세액에 영향을 미치지는 않는다. 즉, 단독 명의인 경우 100만 원이 부과되고, 공동 명의인 경우에는 각자 50만 원씩 총 100만 원이 부과되니 참고하도록 하자.

주택과 토지의 공시가격은 부동산 공시가격 알리미 사이트 https://www.realtyprice.kr:447/에서 확인할 수 있다.

종합부동산세

종합부동산세는 부동산 투기 수요를 억제하고, 부동산 가격을 안정시키기 위한 목적으로 일정 재산 가액을 초과하여 보유하는 자에게 부과하는 보유세다. 종합부동산세는 재산세와 동일하게 매년 6월 1일을 기준으로 부동산을 소유한 자에게 세금을 부과한다.

종합부동산세는 재산세와 달리 부동산 투기 수요 억제에 그 취지가 있기 때문에 양도소득세와 유사하게 주택 수에 따른 중과세율을 적용하고 있다. 또한 인별 과세를 채택하여 개인별 부동산 공시가격 합계와 주택 수를 바탕으로 세액을 산출한다는 점에서 재산세와 다르다. 즉, 단독 명의와 공동 명의 여부가 세액에 영향을 미치니 부동산 취득시 소유권에 대한 부분을 반드시 고려해야 한다.

최근 몇 년간 주택공시가격이 급등했고, 이와 더불어 종합부동산세가 더 많이 과세가 되는 쪽으로 부동산 대책이 시행되다 보니, 종합부동산세를 부담하는 인구가 크게 증가하여 적게는 수십만 원부터 많게는 수천만 원 정도까지 보유세 부담이 증가하게 됐다.

종합소득세(사업소득)

주택을 취득하면 구매자가 그 집에서 살거나(실거주) 세입자에게 임대를 하게 되는데, 주택을 임대하는 경우에는 임대수익이 발생하게 된다. 주택임대수입은 사업소득에 해당하고, 사업소득이 있는 자는 매년 5월 말까지 종합소득세를 신고하고 납부해야 할 의무가 있다. 주택 수에 따라서 과세 범위가 달라지는데, 1주택을 보유한 자와 2주택, 3주택을 보유한 자의 과세 범위가 달라지므로 전세와 월세 중 어떠한 방식이 세금 측면에서 본인에게 유리한지 판단하는 것도 중요하다. 매년 1월 1일에서 12월 31일까지 발생한 소득은 다음 연도 5월 31일까지 종합소득세를 신고 납부해야 한다.

양도 단계

부동산 투자의 마지막은 "그래서 얼마 벌었는데?"로 귀결될 수 있다. 소득이 있는 곳에 세금이 있다는 소득세 기본원칙에 따라 시세 차익에 대해 양도소득세가 부과된다. 따라서 반대로 손해를 보고 팔았다면 이 경우 납부할 세금은 없다.

양도가액에서 취득가액과 부대비용 및 양도소득세를 차감하고 나면 비로소 세후 이익이 계산된다. 양도소득세는 비과세부터 중과세까지 주택 수와 보유 기간에 따라 천차만별의 세금이 부과되기 때문에 세후 수익이야말로 진정한 투자수익이라 할 수 있다.

예를 들어, 주택을 양도하여 10억 원의 차익을 얻었으나 다주택자 중과세를 적용받아 양도소득세로 7억 원을 내게 된다면 실질적인 이익은 고작 3억 원에 불과하게 된다. 따라서 부동산 가격이 오르는 것도 중요하지만 세금이 얼마나 나올지 대비하는 것도 매우 중요하다.

이렇게 사안이 중요한 만큼 반드시 전문세무사와 주기적인 검토가 필요한 세목이며 자칫 잘못하면 엄청난 가산세와 함께 재산상 큰 피해를 가져올 수 있다.

따라서 이 책에서도 양도소득세와 관련한 수차례 부동산 대책과 최근 개정 세법을 바탕으로 자세하게 다룰 예정이다.

03

사례를 통해
세금과 친해지기

**피할 수 없는
2가지,
죽음과 세금**

———————— CASE 1 ————————

　나사장 씨는 얼마 전 다니던 직장을 그만두고, 프렌차이즈 카페를 창업했다. 가맹 본사를 통해 영업 전반적인 부분에 대해서 상담을 받았고, 대략적인 고정비와 변동비를 산출하여 나름대로 월 순이익을 계산해보았다. 수익성이 예상했던 수치보다 훨씬 상회하는 수준이었고, 직장을 그만두길 잘했다고 생각했다. 나사장 씨는 부푼 꿈을 안고 사업을 시작했고, 1년이 지난 지금 나사장 씨는 생각했다. '4대보험과 원천세, 부가가치세, 종합소득세, 도대체 무슨 세금이 이렇게 많을까?' 세금 때문에 주머니에 남는 게 없는 느낌이었다. 직장 다닐 땐, 회사가 처음부터 끝까지 알아서 다 해줬기 때문에 매월 꼬박꼬박 세금을 내고 있다는 사실조차 인지하지 못했지만 사업은 달랐다. 매달 본인의 책임하에 세금 신고를 하고, 세액을 산출하여 정해진 기한까지 납부해야 했다. 본업에만 집중하기에도 너무 바쁜데, 세금 납부하다가 허리가 휠 지경이다.

인생에서 피할 수 없는 2가지가 있다. 바로 죽음과 세금이다. 사업을 하게 되면 세금의 존재감에 대해서 어느 누구보다 가깝게 느낄 수 있다. 사업을 이제 막 시작한 초보 사장님을 만나면 대부분 토로하는 공통적인 고민이 바로 세금인데, 세금을 이렇게 매달 내는 줄은 생각지도 못했다는 것이다. 매월 나가는 임대료만큼이나 부담이 되는 것이 바로 세금이다.

세금은 소득이 있는 곳이라면 언제든 따라온다. 세금에 대한 저항 때문에 많은 이가 탈세의 유혹에 빠져들지만, 탈세는 절세와 완전히 다른 개념으로 이해해야 한다. 절세는 세법이 허용하는 테두리 내에서 세금을 줄여 나가는 행위인 반면, 탈세는 법의 테두리를 넘어서는 것으로 명백한 범죄 행위다.

국세청이 전산화되고, 시스템이 점점 더 정교해지면서 모든 과세 자료가 투명하게 드러나고 있다. 이러한 기술적인 측면 외에도 탈세를 원천적으로 차단하기 위한 방법에 관한 연구도 지속적으로 이뤄지고 있다. 고도화된 시스템 안에서 탈세 행위는 언젠가는 적발이 되기 마련이고, 결국은 엄청난 가산세 처분과 함께 돌아온다.

그래서 우리는 절세에 더욱 치중해야 한다. 세금을 피할 수는 없지만 전문세무사의 도움을 받아 합법적인 방법으로 줄일 수 있기 때문이다.

매년 업종별로 다양한 세제 혜택이 신설되고, 고용 안정을 위한 예산도 수조 원씩 편성이 되고 있다. 자신의 사업에 맞는 세제 혜택은 어떤 것이 있는지 항상 관심을 가져야 한다. 돈을 더 버는 것도 중요하지만 이에 못지않게 중요한 것이 불필요한 자금 유출을 막는 것임을 기억하자.

기업들이 매년 세무 및 회계 전문가에게 돈을 지출하는 이유는 여러 가지가 있겠지만, 대표적으로 기업에 맞는 다양한 세제 혜택을 빠짐없이 적용하여 세액을 절감하고, 올바른 의사 결정을 통해 세무 리스크를 줄여 나가야 하기 때문이다.

성실 납세가 곧 가장 큰 절세

CASE 2

나영업 씨는 프리랜서다. 아동도서를 병원이나 대형 키즈카페 등에 비치해 구매를 유도하는 방식의 영업을 한다. 나영업 씨는 매년 종합소득세를 신고할 때 세무사를 통해 신고 대행을 맡기고 정산을 통해 그간에 냈던 소득세를 일부 환급받고 있었다. 그러나 올해는 시간적인 여유가 없어 그냥 환급을 포기하기로 결정했다. 얼마 지나지 않아 나영업 씨는 세무서로부터 무신고 안내문을 받게 됐다. 그러나 나영업 씨는 우편물을 유심히 보지 않았고, 그 이후 2~3차례나 우편물을 더 받았으나 신경쓰지 않았다. 그리고 신고 기한으로부터 1년 뒤, 세무서로부터 약 500만 원이 적힌 납세고지서를 받게 됐다. 그때서야 사태의 심각성을 깨닫고 세무서로 찾아가 전후사정을 설명했지만 이미 세무서에서 결정을 내린 부분에 대해서는 달리 방도가 없었다. 나영업 씨는 담당 직원을 수차례 찾아가 사정을 했지만 세무서는 번복하지 않았고 결국 가산세를 포함하여 해당 세금을 납부할 수밖에 없었다.

부가가치세와 종합소득세는 가장 대표적인 신고 납부 세목이다. 다시 말해 납세자 본인이 납부해야 할 세금을 계산하고, 법

정 신고 기한 내에 신고서를 제출하고, 납부를 해야 한다는 의미다. 해당 의무를 다하지 않으면 가산세라는 징벌적 처분과 함께 세금이 부과된다. 그러나 대다수의 납세자들은 신고 납부는 고사하고, 언제, 어떤 세금을, 왜 내는지도 모르는 경우가 태반이다. 사업자들이 알아야 할 기본적인 세법 교육이 부족하기 때문이 아닐까?

회사에 근로자로 소속되어 있을 때에는 세금에 대한 부분은 전부 회사가 대신 처리해주지만, 사업자 등록을 하는 순간 사업주 본인이 하나부터 열까지 모두 책임지고 처리해야 한다.

위 사례에서처럼 정해진 신고 기한을 놓쳐 불이익을 받는 사례가 매년 수도 없이 발생한다. 세무서에서 안내문과 독촉장을 수차례 보내지만, 세금 신고에 대한 지식이 부족한 납세자는 이에 대한 인지를 정확히 하지 못하고 결국 재산상 손해를 입게 된다. 사업자가 납세의 의무를 저버린 경우, 얼마나 큰 금전적 손해가 오는지 반드시 짚고 넘어가야 한다.

신고 기한을 놓치면, 본래 내야 할 본세뿐만 아니라 범칙금 성격의 가산세가 딸려오게 되는데, 해당 사례에서 부과됐던 가산세는 무신고가산세와 납부불성실가산세 2가지다.

나영업 씨가 세무서의 안내문을 받고 곧바로 전문세무사의 도움을 받았더라면, 일부 가산세와 수십만 원의 세금만 부담하고 마무리할 수 있었겠지만 기준경비율로 세금이 부과가 되면서, 500만 원이라는 불필요한 교육비를 내게 됐고, 평생 잊지 못할 뼈아픈 기억이 됐다.

일상생활에서 꼭 알아야 할 세금 지식

신고 납부

납세의무자가 자신의 세액을 스스로 산정하여 신고하고, 그 신고한 금액을 세금으로 납부하는 일, 대표적으로 부가가치세와 종합소득세, 법인세가 있다.

※ 장부 작성에는 세법 지식뿐만 아니라 회계 지식도 요구가 되기 때문에 대부분 전문세무사에게 의뢰를 한다.

연말정산

회사에 근로자로 취직을 하게 되면 근로소득세와 4대보험을 뗀 금액을 급여로 수령하게 된다. 근로소득세는 매달 회사가 나를 대신하여 세금을 거두고(원천 징수), 정해진 기한까지 국가에 납부를 한다. 그리고 다음 연도 2월에 정산 절차(연말정산)를 거친다.

1년간 낸 세금과 비교하여 덜 냈으면 추가로 납부를 해야 하고, 더 냈다면 돌려받는다. 과다하게 납부한 세금을 돌려받는 경우 직장인들 사이에서 '13월의 월급'이라는 표현을 종종 사용한다.

가산세

납세의무자가 신고, 납부 의무를 다하지 않았을 경우에 이에 대해서 경제적 불이익을 주는 행정적 조치. 무신고가산세는 신고 자체가 없을 경우, 납부불성실가산세는 세금 납부를 지연했을 때 부과되는 가산세다.

① 무신고가산세 : 납부할 세액의 20%(부정한 사유가 있는 경우는 40%)

② 납부불성실가산세 : 납부할 세액의 매일 0.022%씩 가산된다.

※ 법정이자와 유사한 개념으로, 안 낸 세금은 하루라도 빨리 내는 것이 유리하다. 매일 0.022%라고 무시하면 안 된다. 1년이면 8%가 넘는 금액이다.

CASE 3

나직장 씨는 IT회사에 재직 중인 40대 직장인이자 가정에서는 두 아이의 아버지다. 나직장 씨는 하루라도 빨리 직장에서 벗어나 경제적 자유를 얻고 싶다. 나직장 씨는 퇴근하고 저녁이면 부동산 카페에서 활동도 하고, 주말에는 주식투자 관련 오프라인 모임에도 정기적으로 나가고 있다. 나직장 씨는 경기도 의왕의 한 아파트에서 가족들과 함께 거주하던 중, 2020년 초 직장 근처인 당산동으로 이사를 가게 됐고, 의왕 아파트 매매대금과 일부 대출을 받아 서울 집 매매를 했다. 나직장 씨 와이프에게는 3년 전 투자 목적으로 매입한 여의도에 오피스텔이 1채 있다. 해당 오피스텔은 세입자가 주거용으로 사용하고 있지만, 부동산 계약시 전입신고를 하지 않는 조건으로 계약했으며, 나직장 씨 와이프도 실제 소득 신고를 한 적이 없다. 그리고 매년 해당 오피스텔에 대해서는 상가분 재산세가 고지되고 있다.

나직장 씨는 그동안 보고 들은 지식을 토대로 판단했을 때, 현재 오피스텔은 공부상 상가로 등재되어 있고, 대외적으로는 공실로 되어 있으니 상가로 판단하는 데에 전혀 무리가 없다는 생각이 들었고, 부동산 카페에 질문을 해보니 부동산 카페 회원들도 문제없다는 반응이었다. 그리고 주택을 비과세로 매매한 경우에는 별도로 낼 세금이 없기 때문에 신고 의무도 없다고 하니 양도소득세 신고 수수료도 아낄 수 있어, 여러모로 잘 처리했다고 판단했다. 그러나 8개월 뒤 나직장 씨는 국세청으로부터 오피스텔을 주택으로 봐야 한다는 이야기를 들었고, 해당 사례의 경우 1세대 3주택 중과세에 해당한다는 국세청 의견에 따라 5억 원의 과세예고통지서를 받게 됐다.

나직장 씨의 사례는 오피스텔을 단순히 주택 수에서 배제함으로써 일어나는 대표적인 세금 사고 유형이다. 과거에는 이와 유사한 사례들이 종종 발생했으나, 요즘에는 정보가 빠르게 공유되면서 발생 건수가 점점 줄어드는 추세다. 비과세가 과세로 추징된다면 본세는 별론으로 하고, 가산세 규모만 수천만 원에 육박하는 경우가 허다하니, 반드시 처분하기 전 세무 상담을 통해 의사 결정을 하도록 권장한다.

나직장 씨는 오피스텔을 왜 주택 수에서 뺀 것일까? 그가 간과한 것은 세법의 실질과세원칙이다. 실질과세원칙이란 표면에 나타나는 형식에도 불구하고 사실상의 경제적 실질에 따라서 과세를 하겠다는 것이고, 세법 전반을 아우르고 있는 원칙이므로 매우 중요하다.

위 사례 오피스텔은 공부▪상 상가로 되어 있지만, 실질은 임차인이 주거용으로 사용하고 있고 실제 내부 형태도 주거용으로 사용할 수 있게 갖춰져 있었으며, 공과금 납부 내역 등 각종 정황으로 비춰보았을 때, 사실상 주택으로 사용했다는 것이 세무서 측 주장이다.

결국 나직장 씨는 당초 냈어야 했던 양도소득세에 무신고가산세 20%와 납부불성실가산세(일당 0.022%)를 합하여 5억 원이 넘는 세금을 낼 수밖에 없었다.

세법이 어려운 이유 중 하나는 그 양이 방대해서이기도 하지만, 내용이 복잡하고 수시로 개정되어 법 적용이 일관적이지 않다는 점 때문이다. 어떤 세목에서는 형식적인 측면이 강조되고, 어떤 세목에서는 실질적인 측면이 강조되기도 한다. 그리고 사안이 조금만 복잡해져도 비전문가가 확신을 가지고 일을 처리하기가 정말 쉽지 않다. 법령을 찾아가면서 요건을 확인하는 것은

▪ 공부는 등기사항증명서와 건축물대장을 말하며, 인터넷등기소 홈페이지(http://www.iros.go.kr/)와 세움터 홈페이지(https://cloud.eais.go.kr/)를 통해 출력할 수 있다.

고사하고, 법 문구 자체도 이해가 잘되지 않는다. 세무사나 회계사 등의 전문세무사를 따로 두고 있는 이유가 그 점 때문이다. 세금 문제에 대한 의문이 생겼을 때 해결할 수 있는 방법은 여러 전문세무사를 통해 상담을 받는 것이다.

가장 경계해야 할 것은 블로그나 카페 검색을 통해 얻게 되는 정보다. 출처가 불분명하고, 신뢰성이 낮기 때문에 조심해야 한다. 신뢰성이 높은 사람이더라도 과거의 법 내용을 적어놓은 것일 수 있다. 세법은 유독 국가의 정치, 경제적 상황이나 기타 대내외적 상황과 연계되어 개정이 되기 때문에 상당히 잦은 개정 과정을 거친다. 이렇게 개정이 잦은 세법인 만큼 어제까지 맞던 내용이 오늘은 틀릴 수 있다는 점을 반드시 기억하자.

특히나 양도소득세나 비과세 규정과 같이 큰 혜택을 주는 부분에 대해서는 양도일 현재 시행 중인 세법이 적용되는 것이 맞는지 확인을 해야 한다. 잘못된 세무 신고는 치명적인 재산 손실(일명 '세금 폭탄')을 가져올 수 있으니 반드시 주의하도록 하자.

세금에 대해 궁금하다면?

국세상담센터 126

가장 많은 사람들이 이용하는 국세청 콜센터다. 실력 있는 직원들이 포진되어 있는 만큼 대기 시간이 길지만, 유선상으로 간단하면서도 비교적 정확한 답변을 얻을 수 있다. 다만, 답변에 과세관청이 구속되지 않기 때문에 참고용으로만 활용하는 것을 추천한다.

국세청 홈택스

국세청 홈택스 사이트를 이용하여 여러 의문 사항을 해결할 수 있다. 로그인을 하고, 상단 우측에 상담/제보란에 보면 인터넷 상담하기를 통해 질문사항을 올릴 수 있다. 통상적으로 2~3주 이내에 답변을 받을 수 있다. 기다릴 시간이 없다면 검색창에 키워드만 뽑아서 검색을 해보자. 상당수의 사례는 이미 유사한 내용으로 답변이 올라와 있는 경우도 있다. 하지만 126 콜센터와 마찬가지로 답변에 과세관청이 구속되지 않는다. 아무래도 금전적인 부분과 직접적으로 연관되다 보니, 책임 소재에 대한 부분을 분명히 하고자 함으로 보인다. 정확하고 책임감 있는 답변을 원한다면 세무사를 찾아가는 것이 가장 좋다.

국세법령정보시스템

인터넷 검색창에 국세법령정보시스템을 검색하면 들어갈 수 있다. 해당 사이트는 조세 법령뿐만 아니라 다수의 조세심판원, 대법원 판례들이 올라와 있는 곳이다. 홈택스보다는 조금 더 정제되고, 심화된 내용을 확인할 수 있다. 정확한 법의 문구를 보고 싶다면 해당 사이트를 이용해보자.

─────── CASE 4 ───────

나주택 씨는 계속적으로 바뀌는 부동산 정책의 영향으로 보유세(재산세, 종합부동산세) 부담이 상당해진다는 이야기를 들었다. 나주택 씨는 일시적 1세대 2주택자로서 비과세를 받을 수 있는 기한은 지났고, 주택임대사업자 등록을 한 것도 아니라서 종합부동산세 합산배제 등 각종 세제 혜택의 대상자는 아니었다.

결국 그는 전세를 내주었던 마포구의 아파트를 팔기로 결심했다. 취득가격 대비 2배 이상 시세가 형성되어 있어 큰 수익을 얻을 수 있을 것이라 예상했다. 그런데 부동산에 갔다가 납부해야 하는 양도소득세를 듣고 깜짝 놀랄 수밖에 없었다.

나주택 씨는 마포구 아파트를 양도하게 되면 단순히 판 금액에서 산 금액을 차감하여 6억 정도의 시세 차익이 날 것으로 예상했고, 2주택자에 해당하니 일정 부분 양도소득세가 나올 것이라고 막연하게 생각했다.

하지만 실제로 나주택 씨가 부담해야 할 양도소득세는 시세 차익의 60%가 넘는 금액이었다. 세금을 납부하고, 전세금을 반환하면 오히려 투자 손실을 보게 되는 상황이었기 때문에 나주택 씨는 보유세를 내면서 일단 지켜보는 쪽으로 의사 결정을 할 수밖에 없었다.

부동산 투자는 세금으로 시작해서 세금으로 끝난다고 해도 과언이 아니다. 취득 단계의 취득세, 보유 단계의 보유세(재산세, 종합부동산세), 양도 단계의 양도소득세까지 마무리가 되어야 그간의 투자 성과인 양도차익을 실현할 수 있게 된다. 부동산을 사는 순간부터 파는 그 순간까지 매번 세무 이슈가 발생하기 때문에 세금을 생각하지 않고는 부동산 투자가 성공적이라고 말할 수 없다.

그리고 정부가 내놓은 수십 번의 부동산 대책으로 인해 현행 세법은 소위 누더기가 된 상태며 어느 시점에 어떤 투자 물건을 샀는지, 주택임대사업자는 어느 시점에 등록했는지에 따라서 세금 계산 방법과 적용되는 세법이 달라진다. 다주택자 상담이 폭발적으로 증가한 데에는 복잡해진 세법이 큰 기여를 했다고 볼 수 있다.

취득세는 취득 단계에서 곧바로 지출이 되는 세금이다. 부동산을 취득하게 되면 계약일 이후에 중도금, 잔금을 치르고 소유권 이전등기를 하면서 취득세를 납부하게 된다. 취득세는 사실상 부동산 거래가액에 따라서 고정값으로 정해져 있기 때문에 기한 내 성실하게 납부하는 것이 최선의 절세 방법이었다.

그러나 2020년 '7.10 부동산 대책'에 따른 지방세법 시행령 개정이 이뤄짐에 따라 취득세도 중과세가 시행되면서 1세대의 개념과 주택 수가 상당히 중요해졌다. 이 부분은 'Step2'에서 자세하게 설명할 예정이니 다음 장을 주목하기 바란다.

부동산을 가지고 있으면 매년 재산세와 종합부동산세를 납부해야 한다. 재산세는 모든 부동산에 대해서 부과되지만, 종합부동산세는 일정한 기준가액■을 초과해야만 부과가 되는 일종의 '부자 세금'이다.

2020년부터 공시지가 현실화 정책 및 종합부동산세율 증가 등으로 인하여 다주택자의 보유세 부담이 상당히 높아졌다. 취득세와 양도소득세와는 다르게 보유세는 거래가 발생할 때, 일회성으로 부과되는 것이 아니라 보유하고 있는 내내 매년 부과

■
주택공시가격 합계
1세대 1주택자: 11억 원
다주택자: 6억 원

가 되는 세금으로 자동차세를 떠올리면 이해가 빠를 것이다.

양도소득세는 보유 기간 동안의 시세 차익을 실현할 때 해당 차익에 대해서 부과가 되는 세금이다. 1주택자 보호, 거주 이전의 자유, 국민의 주거 안정 등 기본권 보장을 위해서 1주택자는 양도소득세 비과세라는 혜택이 주어진다. 해당 규정을 잘 활용하면 엄청난 절세 전략으로 활용할 수 있다.

현재 세법은 양도소득세 비과세와 중과세가 넘나드는 상당히 혼란스러운 상태이다. 한순간의 잘못된 판단이 비과세가 아닌 과세로 부과될 수도 있고, 더 나아가 중과세와 가산세 문제까지 발생할 수 있으니 양도소득세는 어느 세목보다도 전문세무사의 조언이 필요하다.

이렇듯 부동산 투자에는 세금이라는 복병이 곳곳에 숨어 있다. 부동산 물건에 대한 분석이 끝나서 계약하기로 결심했다면, 다시 세금에 대해 공부하고 절세하는 전략을 세워야 한다.

종합부동산세를 내는 사람은 얼마나 될까?

종합부동산세를 '부자 세금'이라고 언급했다. 실제로 2020년의 경우 주택분 종합부동산세는 전국에서 66만 7,000명에게 총 1조 8,148억 원이 고지됐다.

그러나 공시가격 상승 및 종합부동산세 합산배제 축소 등으로 인하여 종합부동산세 부담 인구는 훨씬 더 늘어날 것으로 전망했고, 실제로 2021년 종합부동산세 납부를 고지받은 인원은 전국에서 94만 7,000명이며 이들에게 고지된 세액은 총 5조 6,789억 원이다.

아는 만큼 보이는
세테크 2단계
-
취득세 편

01

무언가를 취하면
세금이 붙는다

취득세란?

■
· 열거주의: 과세대상과 과
세요건을 일일이 명시하도
록 하여, 열거되지 않은 사
항에 대해서는 과세하지 않
도록 하는 제도(소득세법,
부가가치세법 등)
· 포괄주의: 하나의 큰 테두
리에서 과세 기준을 정한 뒤
구체적인 과세대상이나 과
세요건은 과세관청이 재량
권을 발휘해 정할 수 있도록
하는 제도(상속세 및 증여
세법 등)

취득세는 과세대상 물건을 얻거나 사면 무조건 발생하는 지방
세로, 주로 부동산 관련 세금이지만 광업권과 어업권은 물론이
고 골프 회원권, 콘도미니엄 회원권 등 일부 자산도 포함된다.

취득세는 지방자치단체에서 부과하는 지방세 제도의 근간을
이루고 있으며 그 때문에 해당 취득 물건 소재지의 시나 도에서
그 취득자에게 부과하는 세금이다. 취득세 과세대상 자산은 열
거주의* 형식을 취하고 있다. 다시 말해 과세대상으로 열거되지
않았다면 취득세가 부과되지 않는다.

취득세가 부과되는 대표적인 자산이 가장 쉽게 접할 수 있는
부동산과 차량이다. 부동산에 대한 취득세는 해당 물건 소재지
의 시, 군, 구청에 신고하고 납부한다. 따라서 취득세 신고 납부
와 관련된 문의 사항도 관할 세무서가 아닌 소재지 시, 군, 구청
에 해야 한다는 점을 기억하자.

• 취득세 과세대상

구분	취득세 과세대상 재산
부동산	토지, 건축물
부동산 준하는 것	차량, 기계장비, 입목, 항공기, 선박
각종 권리	골프회원권, 승마회원권, 콘도미니엄회원권, 요트회원권 등

취득할 때마다 붙는 취득세

취득세는 단순히 '취득'이라는 행위를 하게 되면 발생하는 세금으로, 처음 부동산을 취득할 때 취득세를 냈다 하더라도 이후 동일 자산에 대해서 명의이전(증여, 상속, 매매 등)이 발생한다면 다시 과세대상이 된다. 하나의 자산에 대해 명의이전이 일어날 때마다 발생한다.

취득세가 소유권 보존이나 이전등기가 일어날 때마다 발생하는 거래세■의 성격을 가지고 있다 보니 해당 지자체의 재정수입에 상당 비중을 차지하기도 한다. 특히 부동산 취득세에는 농어촌특별세(농특세)와 지방교육세(교육세)가 따라 붙는다. 최근 급격한 부동산 가격의 상승과 활발한 거래는 취득세 세수를 증가시켜 지방재정 확충에도 상당한 기여를 한 측면이 있다.

■
일정한 거래에 대해 부과되는 조세로 취득세, 등록세, 인지세, 증권거래세 등이 해당한다.

부동산을 취득하면 그 순간 신고와 납부 의무가 발생

취득세는 부동산을 취득하면 그 순간부터 신고와 납부 의무가 발생한다. 여기서 중요한 점은 취득세는 정부 부과 세목이 아닌 신고 납부 세목이기 때문에 해당 소재지 시, 군, 구청에서 고지서를 내보내지 않는다. 즉, 주택을 취득했다면 본인이 세법에서 정해진 기한 내에 세법에 맞는 금액을 신고하고, 납부까지 해야 한다. 다만, 실무적으로는 소유권 이전등기를 하기 위해서는 취득세를 관할 시, 군, 구청에 납부해야 하니 납부하지 않고 지나갈 확률은 거의 없다.

취득세는 주택을 취득한 날(잔금일과 소유권 이전등기일 중 빠른 날)로부터 60일 이내에 해당 주택 소재지 관할 시, 군, 구청에 신고하고 납부해야 한다. 일반적인 매매거래에서는 잔금을 치르고 난 뒤 곧바로 등기이전이 이뤄지는데, 등기이전을 위해서는 취득세 납부가 반드시 선행이 되어야 하기 때문에 신고가 누락될 위험성은 적다.

요즘은 납세자들이 유튜브나 블로그 등을 통해 학습한 후 직접 등기이전(셀프등기)을 하는 경우도 종종 있지만, 실무적으로는 법무사가 등기를 변경하는 경우가 많기 때문에 취득세 납부 업무까지 대행해서 진행하는 케이스가 일반적이다. 법무사 수수료와 납부한 취등록세는 추후 양도소득세 계산시 전액 취득가액으로 인정받을 수 있으니, 관련 증빙을 잘 챙겨두자.

• 취득세 신고 기한 및 첨부 서류

취득세 신고 기한 및 첨부 서류	
신고 기한	60일 이내에 해당 주택 소재지 관할 시·군·구청에 신고
첨부 서류	매매계약서, 부동산거래계약 신고필증, (분양받은 경우)분양계약서, 잔금 납부 영수증 등

취득록세 영수증을 잃어버린 경우 어떻게 해야 할까?

정부24 홈페이지 또는 인근 주민센터에서 지방세 세목별 과세 증명을 통해 과거에 납부한 취등록세를 확인할 수 있다. 법무사사무실에 연락이 가능하다면 기존에 발급했던 영수증의 재출력을 요청해볼 수도 있다.

정부 24 홈페이지에 들어가면 과거에 납부한 취등록세를 확인할 수 있다.

취득세는 취득 당시 큰 금액을 기준으로 산출

취득세는 취득하는 사람의 취득 당시 실거래가액(신고 금액)과 시가표준액(공시가격) 중 더 큰 금액을 기준으로 과세한다. 보통 실제 부동산 거래의 경우 실거래가액에 취득세율을 곱한 금액이 취득세가 되나, 취득 당시 가액이 없는 증여나 상속으로 취득하는 주택의 경우에는 실거래가액이 존재하지 않기 때문에 시가표준액을 기준으로 과세가 이뤄진다.

시가표준액이란 지방자치단체에서 취득세, 재산세 등의 지방세를 산정하기 위해서 일정 기준을 가지고 고시하는 금액으로 일종의 공시가격(세무 당국의 관세 기준으로 삼는 가격)의 개념이다.

주택의 시가표준액은 매년 4월 30일 공시되는 개별주택가격 또는 공동주택가격이며, 가격이 공시되지 않는 주택은 시장이나 군수가 산정한 가액으로 한다. 취득세를 계산할 때 실거래가액과 시가표준액은 고정되어 있는 수치이기 때문에 어떤 세율을 적용받는지에 따라 취득세가 상당히 차이가 날 수 있다.

취득세 중과를 결정짓는 주택 수

2020년 8월 12일 지방세법 시행령이 개정됨에 따라 다주택자에 대한 규제가 강화됐고, 그로 인해 취득세에 대한 중과세가 시행됐다. 이에 따라 무주택자와 다주택자 간의 취득세율이 적게는 2배부터 많게는 12배까지 차이가 벌어질 수 있으며, 이러한 개정 사항을 모르고 주택을 구매한 납세자들은 예상치 못한 세금 폭탄을 맞을 수 있다.

예를 들어보자. 나취득 씨는 결혼을 앞두고 있는 29세 직장인이다. 부모와 함께 서울에서 거주하며 직장 소재지인 여의도로 출퇴근을 하고 있다. 나취득 씨는 최근 신혼집 마련을 위해 서울시 동작구 대방동의 한 빌라를 3억 5,000만 원에 구입했다. 그런데 어찌된 일인지 잔금 당일 법무사로부터 취득세가 1%가 아닌 8%를 내야 한다는 이야기를 듣고 깜짝 놀랄 수밖에 없었다. 그 이유는 바로 세대 분리에 있었다. 나취득 씨는 아직 부모와 함께 거주하면서 1세대를 이루고 있었고, 현재 거주하고 있는 주택이 부모 명의로 되어 있어 1세대 2주택으로 산정돼 취득세에 있어 중과세가 부과된 것이다. 예상치 못한 수천만 원의 추가 지출에 나취득 씨는 급히 대출을 받아 취득세를 납부해야 했다.

1세대 1주택의 경우 취득세가 1%이지만 1세대 2주택의 경우 취득세가 8%기 때문에 취득세에서 가장 중요한 것은 세대의 구분이라고 할 수 있다. 만약 나취득 씨가 세대를 분리하고 집을 구매했다면 1세대 1주택자로 1%의 취득세인 350만 원을 납부하면 됐지만, 세대를 분리하지 않고 집을 구매했기에 8%의 취득세인 2,800만 원을 부과하게 된 것이다. 취득세에 대한 정확한 정보 없이 집을 구매했기에 기본세율보다 7배 높은 금액을 세금으로 헌납한 셈이다.

• 1세대 1주택과 1세대 2주택의 취득세액 비교

1세대 1주택인 경우 취득세	1세대 2주택인 경우 취득세
350,000,000 × 1% = 3,500,000원	350,000,000 × 8% = 28,000,000원

이제는 주택을 취득하기 전에 세대 분리 여부, 동일 세대원의 주택 보유 현황 등 취득세 중과가 이뤄지는지 반드시 확인하고, 예상되는 세액을 책정해봐야 한다. 다시 강조하지만 부동산을 구매하기 전 상황에 맞는 세금 정보를 정확하게 파악하는 것이 좋다.

02
취득세
쉽게 계산하기

취득세를
결정짓는 것은 세율

앞으로는 주택에 대한 취득세 부담을 결정짓는 것은 세율이라고 해도 과언이 아닐 정도로 대대적인 세법 개정이 이뤄졌다.

정부는 지난 2020년 7월 10일 '7·10 부동산 대책'을 발표하면서 지방세법 시행령이 개정됨에 따라 취득세에 큰 변화가 일어났다. '7·10 부동산 대책' 이전에는 주택에 대한 취득세가 단순히 거래세 또는 부대비용 정도로 여겨졌던 것이 사실이나, 법 시행 이후에는 취득세액 자체도 대폭 상승했으며 저가의 주택을 구매한 사람이 고가의 주택을 구매한 사람보다 더 많은 취득세를 내는 경우도 발생하게 됐다(나취득 씨의 사례처럼).

주택에 대한 유상 거래 취득세율은 서민의 주거 안정을 위해 상대적으로 낮은 세율을 적용하고자 했으며, 그에 따라 거래가액 6억 원 이하의 경우 1%, 6~9억 원의 경우 2%, 9억 원을 초과한 경우 3%의 단일세율을 적용했다.

그러나 취득가액이 6억 원 또는 9억 원과 가까운 경우 문턱 효과가 발생해 다운계약이나 현금거래 등이 빈번했기 때문에 2020년 중반부터는 세법 개정을 통해 거래가액 6~9억 원 구간

세율을 기존 2%에서 1~3%(0.01% 단위)로 세분화했으며 1세대 4주택 이상인 경우에 한하여 4% 세율을 추가함으로써 주택에 대한 투기 수요를 방지하고자 했다(1세대 4주택 이상인 경우는 취득세 중과세 개정으로 인해 추후 삭제).

취득 당시 가액이 7억 2,000만 원인 경우 1.8%가 적용된다. 기존 단일세율 2%로 과세하는 경우보다 세 부담이 줄어들게 된다.

〈취득가액 6~9억 구간 취득세율〉

$$\text{취득세 적용 세율} = \left\{ \text{주택 취득 당시의 가액} \times \frac{2}{3억\,원} - 3 \right\} \times \frac{1}{100}$$

※ 소수점 다섯째자리 이하 반올림하여 넷째자리까지 계산

토막상식

 다운계약서를 막기 위해 세법을 개정

법 개정 이전에는 세율이 바뀌는 구간에서 문턱효과가 발생하기 때문에 이를 피하기 위한 다운계약서 작성이 빈번했다. 예를 들어 매매가액이 6억 원 또는 9억 원을 넘어가는 경우 취득세 부담이 1%씩 증가하기 때문에 해당 금액이 넘지 않게 계약서를 쓰는 경우가 많았다. 그 결과 이와 같은 문제점을 보완하기 위해 1~3% 구간의 취득세율을 세분화하는 방향으로 세법을 개정했다.

• 부동산 취득세율

구분				합계	취득세	농특세	교육세
표준세율				4.6%	4.0%	0.2%	0.4%
원시취득(신축)				3.16%	2.8%	0.2%	0.16%
유상 취득	주택	조정대상지역 1주택자 비조정대상지역 2주택자 이하	~6억 원	85㎡ 이하	1.1%	1.0%	–	0.1%
				85㎡ 초과	1.3%	1.0%	0.2%	0.1%
			6억 원 ~9억 원	85㎡ 이하	1.2~3.2%	1~3.0%	–	0.2%
				85㎡ 초과	1.4~3.4%	1~3.0%	0.2%	0.2%
			9억 원~	85㎡ 이하	3.3%	3.0%	–	0.3%
				85㎡ 초과	3.5%	3.0%	0.2%	0.3%
		조정대상지역 2주택자 비조정대상지역 3주택자			9.0%	8.0%	0.6%	0.4%
		조정대상지역 3주택자 이상 비조정대상지역 4주택자 이상			13.4%	12.0%	1.0%	0.4%
	상가/오피스텔				4.6%	4.0%	0.2%	0.4%
무상 취득	상속	일반(농지 외)			3.16%	2.8%	0.2%	0.16%
		농지			2.56%	2.3%	0.2%	0.06%
		1세대 1주택			0.96%	0.8%	–	0.16%
	증여	기본		일반	4.0%	3.5%	0.2%	0.3%
				85㎡ 이하	3.8%	3.5%	–	0.3%
		조정대상지역 내 주택 & 시가표준액 3억 원 이상■		일반	13.4%	12.0%	1.0%	0.4%
				85㎡ 이하	12.4%	12.0%	–	0.4%
농지	신규 영농				3.4%	3.0%	0.2%	0.2%
	2년 이상 자경				1.6%	1.5%	–	0.1%

■ 다만, 1세대 1주택자가 소유한 주택을 배우자 또는 직계존비속이 무상 취득하는 등 대통령령으로 정하는 경우는 제외

취득세
이렇게 계산한다

취득세 계산 구조와 세율(일반세율과 중과세율)에 대해서 조금 더 구체적으로 알아보도록 하자.

주택 취득세는 과세표준에 취득세율을 곱하면 산출세액이 나온다. 여기에 부가적으로 지방소득세가 추가로 붙게 되고, 만약 취득하는 주택의 전용면적이 85㎡(국민주택 규모)를 초과하는 경우에는 농어촌특별세까지 과세가 된다. 사례를 통해 더 정확하게 알아보자.

(과세표준×취득세율)+지방교육세+농어촌특별세= 취득세

무주택자인 나구매 씨는 2021년 8월 서울시 노원구에 있는 전용면적 93㎡(약 28평)의 빌라를 5억 원에 유상으로 취득했다. 나구매 씨가 부담해야 할 취득세는 얼마인지 다음 도표를 통해 확인하자.

나구매 씨는 5억 원의 빌라를 취득하면서 총합계 650만 원의 취득세(취득세 + 지방소득세 + 농어촌특별세)를 부담하게 된다.

그러나 만약 취득하는 주택의 전용면적이 85㎡ 이하였다면 농어촌특별세는 과세되지 않기 때문에 100만 원이 낮아져 총 550만 원의 취득세(취득세 + 지방소득세)를 부담하게 된다.

취득세 계산 구조

- 취득세 : 500,000,000(과세표준)×1%(취득가액 6억 원 이하인 경우)=5,000,000원

- 지방교육세 : 5,000,000(취득세)×0.1%=500,000원

- 농어촌특별세 : 5,000,000(취득세)×0.2
  =1,000,000원(전용면적 85㎡ 초과 시)

- 총 납부액 : 5,000,000(취득세)+500,000(지방세)
  +1,000,000(농어촌특별세)=6,500,000원

취득세 규제의 시작은 중과세

부동산 경기가 점차 과열되고, 부동산 투기 수요가 가라앉지 않자 정부는 2020년 '7·10 부동산 대책'을 내놓았다. 대책의 요점은 주택에 대한 취득세 중과세다. 보유하고 있는 주택 수에 따라 신규로 취득하는 주택의 취득세율을 대폭 인상하여 투기 열풍을 잠재우고자 한 것이 핵심이다.

2020년 8월 12일 지방세법 시행령이 개정됨에 따라 1세대 4주택 이상 4% 세율은 삭제됐고, 다주택자, 법인의 주택 취득에 대한 중과세 제도가 신설됐다. 그 결과 현재 주택의 유상 취득세율은 표준세율(1~3%)과 중과세율(8%·12%)로 나뉘게 됐다.

중과세율을 적용할 때에는 신규로 취득하는 주택이 조정대상지역 내 소재하고 있는지에 대한 여부를 기준으로 판단한다. 1주택을 가진 1세대가 조정대상지역에 있는 주택을 취득하여 2주택이 되는 경우에는 8%의 중과세율이 적용되며, 비조정대상지역에 있는 주택이라면 표준세율 3%가 적용된다.

한편, 일시적 2주택이 되는 경우에는 종전 주택을 일정 기간 내에 처분하는 조건으로 표준세율을 적용받을 수 있다. 2주택을 가진 1세대가 조정대상지역에 있는 주택을 추가로 취득하여 3주택이 되는 경우에는 12%의 중과세율이 적용되며, 비조정대상지역에 있는 주택이라면 8%의 중과세율이 적용된다.

신규로 주택을 취득하여 4주택 이상이 되는 경우에는 일괄적으로 12%의 중과세율이 적용되니, 아래의 표를 참조하자.

• 지역 및 주택 수에 따른 취득세율

구분	1주택	2주택	3주택	4주택 이상
조정대상지역	1~3%	8% (일시적 2주택 제외)	12%	12%
비조정대상지역	1~3%	1~3%	8%	12%

1세대 1주택자인 나하나 씨는 서울에 소재한 10억 원의 집을 추가로 사고자 했다. 이 경우 '7·10 부동산 대책' 이전에는 3% 세율을 적용받아 약 3,000만 원의 취득세를 부담하면 됐으나 '7·10 부동산 대책' 이후 취득했다면 8%의 중과세율을 적용받아 8,000만 원의 취득세를 부담해야 한다. 그러나 일시적 2주택 요건에 해당한다면 중과세율이 아닌 표준세율로도 납부가 가능하다. 따라서 나하나 씨는 종전 주택을 처분하는 조건으로 표준세율인 3%의 취득세를 납부했다.

그러나 표준세율로 취득세를 납부한 뒤, 종전 주택이 처분되지 않은 사실이 밝혀지면 감면받았던 취득세는 가산세와 함께 추징이 이뤄지니, 신중하게 판단해야 한다.

• 거래가액이 10억 원인
아파트 매매시 취득세 부담 변화

7·10 부동산 대책 이전 취득 (3%)	7·10 부동산 대책 이후 취득 (8%)
3,000만 원	8,000만 원

증여와 상속의 취득세 계산하기

부동산을 무상으로 증여받거나 상속받을 경우에도 취득세를 납부해야 한다. 증여는 주는 사람과 받는 사람이 쌍방의 합의로 증여 계약에 의해 대가 없이 주택의 등기를 넘겨주는 것이다. 증여로 주택을 취득하게 되는 경우 3.5%의 취득세율이 적용되며, 매매거래와 달리 실지거래가액이 존재하지 않으므로 시가표준액(주택공시가격)을 바탕으로 취득세를 신고 납부하게 된다.

상속 취득이란 상속하는 자(피상속인)가 상속받는 자(상속인)에게 사망을 원인으로 주택의 등기를 넘겨주는 것을 의미한다. 무상으로 준다는 점은 증여와 동일하나, 상속은 증여와 다르게 사망이 원인이 된다.

본인의 의사와 관계없이 주택을 취득한다는 점에서 상속으로 취득하는 경우 2.8%의 취득세율이 적용되며, 시가표준액을 바탕으로 취득세를 신고하고 납부하게 된다.

한편, 무주택 세대(주민등록상 전 세대원)가 주택을 상속받는 경우에는 2.8%가 아닌 특례세율 0.8%가 적용된다는 점도 기억해두자.

'7·10 부동산 대책' 이후 무상 취득(상속 취득만 제외)에 대한 취득세 중과세가 시행됐다. 양도소득세 중과세 및 보유세 인상 이후 정부의 예상과는 달리 좀처럼 부동산 시장에 매물이 나오지 않았고, 다주택자들은 자녀에게 명의를 분산하는 의사 결정을 통해 규제를 피하고자 했다. 이에 정부는 무상 취득에 대한 중과세를 통해 시장에 부동산 공급을 유도하고자 했다.

정부 정책에도 불구하고 점점 부동산 시장에서 매물이 줄어드는 이유는 뭘까? 정답은 바로 과도한 보유세 부담과 다주택자 양도소득세에 있다. 다음의 사례를 통해 이해해보자. 나증여 씨는 서울에서 시가 10억 원짜리 아파트 2채(A,B)를 보유하고 있다. B아파트에 대한 정보는 다음과 같다.

구분(B아파트)	금액(원)
① 시세	10억 원
② 취득가액	5억 원
③ 전세보증금(임대)	3억 5,000만 원
④ 양도소득세(2주택 중과세)	3억 2,000만 원

나증여 씨가 B아파트를 양도할 경우 매매대금 10억 원에서 3억 2,000만 원의 양도소득세와 3억 5,000만 원의 전세보증금을 제하고 나면 3억 3,000만 원의 금액만 손에 남게 된다. 여기에 보유세 부담까지 얹어지면 손익이 적어지기에 너도나도 자녀에게 주택을 증여하는 상황이 만들어진 것이다.

다수가 증여라는 의사 결정을 통해 정부 규제를 빠져나가는 상황이 만들어지다 보니 조정대상지역 내 시가표준액(주택공시가격) 3억 원 이상의 주택을 무상으로 취득(상속 취득 제외)하는 경우에는 12%의 취득세율을 적용하도록 세법을 개정했다.

앞서 조정대상지역 내 시가표준액 3억 원 이상의 주택을 취득하는 경우에는 12%의 취득세율을 적용한다고 했다. 다만, 모든 주택에 대해서 적용하는 것은 아니고 예외를 두고 있다. 다만, 1세대 1주택자가 소유한 주택을 배우자 또는 직계존비속에게 증여하는 경우에는 중과 대상에서 제외한다.

여기에서 우리가 염두에 둬야 할 것은 증여자의 주택 수를 기준으로 중과 여부를 판단하기 때문에 취득자가 여러 주택을 보유하고 있더라도 영향을 미치지 않는다는 점이다.

따라서 중과세를 계산할 때 증여하는 세대가 보유하고 있는 주택, 오피스텔(주거용 한정), 조합원입주권, 분양권 등을 모두 포함하여 취득세 중과 여부를 판단하도록 하자.

• 무상 취득에 따른
세율 및 취득 시기

구분	증여 취득	상속 취득
취득세율	3.5% (조정대상지역 12%)	2.8% (무주택자 0.8%)
취득 시기	계약일	상속개시일

03

주택 수에 따라
세율이 달라진다

주택 수가
세금에 영향을 미친다

양도소득세와 임대소득에 대한 소득세, 종합부동산세를 계산할 때 계산 방식이 차이가 있듯이 취득세도 마찬가지다. '7·10 부동산 대책' 이후 주택 수 계산은 취득세 중과 여부에 상당히 중요한 역할을 하기 때문에 주택을 취득하기 전 반드시 확인해야 한다. 가장 주목할 부분은 2020년 8월 12일 이후 취득하는 분양권, 조합원입주권, 주거용 오피스텔이 주택 수에 포함된다는 점이다. 다음의 체크리스트를 통해 확인하도록 하자.

■
동일한 생활공간에서 동일한 자금으로 생계를 같이하는 거주자와 그 배우자의 직계존속과 비속(그 배우자 포함) 그리고 형제자매

주택 수 판단 기준

- 국내 주택 수만 포함한다.

- 주택의 공유지분이나 부속 토지만 소유한 경우에도 주택 수에 포함한다.

- 동일 세대원■과 공동 소유하는 주택은 1채로 본다.

- 임대주택도 주택 수에 포함한다.

- 상속받은 주택도 주택 수에 포함한다.

- 2020년 8월 12일 이후부터 주택 수에 취득하는 분양권, 조합원입주권, 주거용 오피스텔을 포함한다.

주택 수에서 제외되는 중과배제주택

양도소득세, 종합부동산세 및 소득세를 계산할 때에도 일정한 요건을 갖춘 주택은 주택 수에서 제외함으로써 무분별하게 중과세를 적용하는 경우를 방지했다. 이를 '중과배제주택'이라고 하는데 취득세도 동일한 목적으로 이에 대한 규정을 신설했다.

중과세를 배제하는 주택은 취득할 때 중과세에서 제외될 뿐 아니라 다른 주택을 취득할 때에도 보유 주택 수 산정에서도 제외된다. 하지만 법인과 관련된 중과배제주택 등에 대해서는 일부 상이한 경우가 있으니 이 책에서는 개인과 관련된 내용에 더 무게를 실었다.

중과배제주택에는 가정용 어린이집, 농어촌주택, 공시가격 1억 원 이하의 주택, 사원용 주택, 주택건설업자가 신축한 미분양된 주택, 상속일로부터 5년 이내의 상속 주택 등 총 13가지가 열거되어 있으나, 이 중 실무적으로 가장 많은 사례에 해당되는 부분에 대해서만 구체적으로 알아보자.

✅ 공시가격 1억 원 이하의 주택(재개발구역 등은 제외)

주택 취득일 현재 공시가격 1억 원 이하의 주택은 취득세 중과배제주택에 해당한다. 주거용 오피스텔은 2020년 8월 12일 이후 취득하는 분부터 주택 수에 포함이 되는데, 이 경우에도 주택과 마찬가지로 공시가격 1억 원 이하에 해당한다면 주택 수 산정에서 배제된다.

따라서 낮은 세율로 취득세를 납부하게 되고, 다른 주택을 취득할 때에도 보유 주택 수에서 제외된다. 여기서 재개발 또는 재건축사업구역 내 주택은 제외한다.

다만, 다른 주택을 취득할 때 해당 주택의 공시가격이 상승하여 1억 원을 초과하게 된다면 중과세를 판정할 때 주택 수에 포함해야 한다.

공시가격 1억 원 이하 주택의 투기 열풍이 불어서 물론 지금까지도 이어지고 있다. 여러분 중 이런 기사를 한번쯤 본 적이 있거나 '7·10 부동산 대책'에 관련한 세율을 모르고 있다면 이렇게 생각했을 것이다.

'부동산 투자는 지방보다는 서울에서 해야지, 왜 다들 갑자기 지방의 공시가격 1억 원 이하의 주택을 매수한다고 하는 걸까?'

다주택자들은 '7·10 부동산 대책' 이후 크게 높아진 취득세 (8%, 12%) 부담으로 인해 새로운 주택을 매수하기가 부담스러워졌다. 그러나 공시가격 1억 원 이하의 주택은 중과배제주택에 해당하여 취득세는 1%(매매가액 6억 원 이하)로 부담하면서 양도소득세 중과배제를 통해 단기간의 시세 차익도 노려볼 수 있다는 장점이 존재했고, 그 결과 다주택자들이 지방 저가주택으로 눈을 돌리게 됐던 것이다.

결국 부동산 투자자들의 수익률을 결정하는 것이 세금이기 때문에 세법 개정에 상당히 예민하게 반응할 수밖에 없다.

✅ 상속 주택(상속개시일로부터 5년 이내)

상속을 원인으로 취득한 주택, 오피스텔, 조합원입주권, 주택분양권은 상속개시일(상속하려는 자가 사망한 날)부터 5년간 주택 수에서 제외한다. 이는 상속인의 의사와 관계없이 주택을 취득함에 따른 불이익을 덜어주고자 만든 제도다.

상속받은 주택의 소수 지분만을 보유하고 있는 경우에는 주된 상속인의 주택 수에만 포함한다. 그리고 법 시행일이 2020년 8월 12일이기 때문에 이전에 상속을 받은 경우라 하더라도 법 시행일 이후 5년(2025년 8월 12일)까지 주택 수에 포함하지 않는다. 그러나 상속받은 조합원입주권, 주택분양권이 주택으로 전환된 경우라면 5년이 경과하지 않았더라도 주택 수에 포함한다.

• 중과배제주택

번호	구분	제외 이유
1	가정용 어린이집	육아 시설 공급 장려
2	노인복지 주택	복지 시설 운영 필요
3	재개발사업 부지 확보를 위해 멸실 목적으로 취득하는 주택	주택 공급사업 필요
4	주택시공자가 공사대금으로 받은 미분양 주택	주택 공급사업 과정에서 발생
5	저당권 실행으로 취득한 주택	정상적 금융업 활동으로 취득
6	국가등록문화재 주택	개발이 제한되어 투기 대상으로 보기 어려움
7	농어촌 주택	투기 대상으로 보기 어려움
8	공시가격 1억 원 이하 주택 (재개발구역 등 제외)	투기 대상으로 보기 어려움, 주택시장 침체 지역 등 배려 필요
9	공공주택사업자(지방공사, LH 등)의 공공임대주택	공공임대주택 공급 지원
10	주택도시기금 리츠가 환매 조건부로 취득하는 주택 (Sale 7 Lease Back)	정상적 금융업 활동으로 취득
11	사원용 주택	기업 활동에 필요
12	주택건설사업자가 신축한 미분양된 주택	주택 공급사업 과정에서 발생 *신축은 2.8% 적용(중과 대상 아님)
13	상속 주택 (상속개시일로부터 5년 이내)	투기 목적과 무관하게 보유 *상속은 2.8% 적용(중과 대상 아님)

1억 원 미만 아파트는 중과배제주택에 해당

7·10 부동산 대책 이후로 1억 미만 아파트의 수요가 급증했다. 기준 시가 1억 원 미만 주택의 경우 취득세 중과 대상 및 주택 수에서 제외되기 때문에 기준 시가 1억 미만의 아파트를 대량 구매 후 시세 차익이 발생하면 양도하는 납세자가 많이 등장한 것으로 보인다. 그로 인해 해당 지역 원주민들은 수요 급증으로 인한 매매가격 상승에 따라 고스란히 피해를 보고 있는 현실이다.

출처 https://www.donga.com/news/article/all/20210707/107824593/1

04

취득세
혼자서 계산하기

시가표준액
(과세표준) 조회하기

보통 취득세는 해당 주택을 소개해준 부동산이나 담보대출을 해주는 은행이 소개한 법무사가 대신 계산해주는 경우가 많다. 하지만 취득세의 원리를 알면 바로 해결할 수 있기 때문에 직접 해보는 것도 경험상 도움이 된다.

2020년 8월 지방세법 개정 이후 취득세 중과세가 시행되면서 취득세만 수천만 원에서 수억 원까지 납부하는 일을 종종 보곤 한다. 해당 비용을 아무리 취득가액으로 인정받는다고 해도, 현금 흐름에 지대한 영향을 미치기 때문에 이제는 간과할 수 없는 세금이 됐다. 집을 구매하기 전 자신의 경제 상황에 맞게 자금계획을 세워야 하기 때문에 반드시 다음과 같은 순서로 취득세를 살펴보는 것이 좋다.

주택가격 조회하기

✅ 국토교통부

국토교통부(https://www.realtyprice.kr)는 신도시 건설 및 주택 보급, 도시 관련 정책, 토지 등 부동산 관련 업무를 담당한다. 우선 집을 구매하기 전 공시가격을 알아봐야 한다. 국토교통부 홈페이지에 들어가 하단의 공시가격알리미를 클릭하면 주택의 가격을 조회할 수 있다. 공동주택과 표준단독주택, 개별단독주택 공시가격을 각각 확인할 수 있다.

국토교통부 홈페이지에서 공동주택 공시가격과 개별단독주택 공시가격을 확인할 수 있다.

✅ 씨리얼

씨리얼(https://seereal.lh.or.kr)은 한국토지주택공사에서 운영하는 부동산 정보 공간정보처로써 토지, 주택 등 부동산 정보를 지도에서 쉽게 확인할 수 있으며 통계, 트렌드, 전문가 분석 등 다양한 콘텐츠의 제공으로 누구나 쉽게 이용이 가능하다.

해당 부동산의 거래 기간별 실거래가 신고된 내역을 조회해볼 수 있다. 실제 거래가 성사된 내역이기 때문에 이를 통해 정확한 시세 동향을 파악할 수 있다.

조회하고자 하는 부동산 물건 종류를 선택한 후 시·군·구 및 동호수를 입력한다.

✅ **홈택스**

홈택스(https://www.hometax.go.kr)에서 '조회/발급'을 클릭하면 우측 하단에 기준 시가 조회가 있다. 여기서 주택이나 건물의 기준 시가를 조회해볼 수 있다.

'조회/발급'에 마우스를 올려두면 아래 사진과 같이 메뉴가 펼쳐진다.

홈택스에서는 공동주택뿐만 아니라 회원권, 오피스텔, 상업용 건물의 기준 시가를 조회해볼 수 있고, 고시가 되지 않는 건물의 기준 시가를 관련 법에 따라 산출해볼 수 있는 메뉴도 있다.

매매사례가액 조회하기

✅ 국토교통부

국토교통부 실거래가 공개시스템으로 공동단독주택, 오피스텔, 분양권, 입주권 등의 다양한 실거래가를 조회해볼 수 있다. 기존에는 해당 거래 물건의 계약일, 층수, 거래가액의 정보만 공개했으나 2021년 11월 1일부터는 거래 유형(직거래/중개 거래) 및 중개사 소재지(시군구 단위) 정보를 같이 기재하여 보다 정확하고 투명한 정보를 공개하고 있다.

공동주택의 특성상 방향, 면적, 구조 등이 유사하게 지어지기 때문에 내가 소유한 물건과 유사한 매매사례가액이 존재할 가능성이 상당히 높다. 따라서 시가 평가를 위해 해당 단지의 최근 신고된 매매사례가액을 조회하고, 그 가액이 세법에서 정하는 요건에 부합하다면 시가로 쓸 수 있다.

A 씨는 아버지로부터 아파트를 증여로 받고 싶지만 증여세가 얼마가 될지 몰라서 세무사를 찾았지만 아파트는 실거래가가 존재하기 때문에 공시가격으로 증여할 수 없다는 조언을 들었다. 그래서 국토교통부 실거래가 신고시스템에 해당 단지 거래 내용을 확인해보니, 지난 달 아래층이 8억 원에 거래된 내역이 있었다. 실거래가를 잘 모르고 있다면 국토교통부에서 매매사례가액을 확인해보는 것도 도움이 된다.

조회하고자 하는 물건 종류를 클릭한다.

좌측 상단부에 주소를 입력하면 해당 단지의 실거래가 내역을 조회해볼 수 있다.

✅ **홈택스**

홈택스에는 상속과 증여시 재산을 평가해볼 수 있는 메뉴도 있다. '조회/발급 → 세금신고납부 → 상속·증여 재산 평가하기'를 클릭한 뒤 단계별로 진행하여 재산가액을 평가해볼 수 있다.

평가하고자 하는 재산의 종류와 주소지를 입력한다.

물음의 순서대로 예/아니오, 일자, 금액 등을 체크한 뒤 '평가하기' 버튼을 누르면 가액이 산출된다.

매매와 증여시 취득세 과세표준 차이

취득세 시가표준액은 취득자가 신고한 취득 당시의 가액으로 한다. 앞에서 취득세는 취득 당시 실거래가와 시가표준액 중 더 큰 금액을 기준으로 과세한다고 밝혀둔 바 있다. 그래서 신고가액을 기재하지 않는 경우 또는 신고가액이 시가표준액보다 적을 때에는 시가표준액으로 한다. 매매와 증여의 경우 취득세 과세표준에는 차이가 있으니 한번 살펴보자.

매매는 매매가액

매매의 경우 유상 취득에 해당하므로, 취득 당시의 매매가액이 대체로 시가표준액보다 크므로 취득 당시의 가액을 과세표준으로 하여 취득세를 계산하는 방식이 일반적이다.

증여는 시가표준액(주택공시가격)

증여의 경우 무상 취득에 해당하므로, 취득 당시의 매매가액이 없었기 때문에 신고가액을 기재하지 못한다. 그래서 시가표준액을 과세표준으로 하여 취득세를 계산한다.

　같은 물건을 매매로 취득하는 경우와 증여로 취득하는 경우에 따라 과세표준이 다르다. 예를 들어 잠실주공5단지 아파트 501동 708호(85㎡ 초과)를 매매 취득과 증여 취득으로 비교해보자. 이 아파트의 매매가액은 15억 원이고 주택공시가격은 9억 원으로 가정해보았을 때, 매매의 경우 실제 취득 당시의 가액을 과세표준으로 하므로 취득시 지불한 금액인 15억 원이 과세표준이 된다. 반면, 증여의 경우 취득 당시의 가액이 없으므로 시가표준액을 과세표준으로 해서 9억 원이 과세표준이 된다.

　물론 매매와 증여 취득의 경우 취득 원인이 다르기 때문에 각 경우마다 다소 세율에 대한 차이가 있다. 그러나 과세표준의 차이만으로도 실제 취득세에 미치는 영향이 크다.

• 1세대 1주택자의 매매와 증여 취득세 비교

구분	1세대 1주택자	
	매매	증여
과세표준	15억 원	9억 원
세율	3.5%	4.0%
취득세	5,250만 원	3,600만 원

2023년부터 바뀌는 취득세 과세표준

취득세의 과세표준 산정시 매매 취득의 경우 매매가액을 기준으로 하며, 증여 취득의 경우 시가표준액을 기준으로 하여 적용한다고 언급했다. 과세관청은 2021년 8월 11일 발표된 개정안을 통해서 2023년부터 시행되는 매매와 증여 취득의 경우에 취득세 과세표준을 달리 적용한다고 발표했다.

매매 취득의 경우 사실상의 취득 가격을 원칙으로 하되 예외적으로 시가표준액을 적용하게 되며, 증여 취득의 경우 시가인정액▪을 원칙으로 하되 예외적으로 시가표준액을 적용하도록 개정했다.

지방세법상 취득일 현재 불특정 사람들에 의해 자유롭게 이뤄지면서 통상적으로 성립된다고 인정되는 가액을 말한다. 매매사례가액, 감정가액, 공매가액, 경매가액 및 유사사례가액 등을 의미한다.

✅ 증여 취득시 시가인정액

증여 취득시 시가표준액을 기준으로 취득가액을 산정하는 것이 원칙이었으나, 개정안을 통해서 증여로 취득하는 물건의 경우 시가인정액을 기준으로 하여 취득가액을 산정하도록 했다.

시가인정액은 기존 시가표준액과는 많은 차이가 있다. 시가표준액의 경우 주택공시가격 등을 사용하게 되어 실제 시가를 반영하지 못하는 부분이 있었지만, 시가인정액의 경우 유사매매사례가액, 감정가액, 공매가액 등 시가로 인정될 수 있는 금액을 사용하게 되어 실제 시가를 반영할 수 있다.

시가인정액은 오래전의 금액을 사용할 수는 없으며 취득일을 기준으로 일정 기간 요건을 두고 있다. 증여로 취득하는 부동산의 취득일 전 6개월부터 취득일 후 3개월 이내의 기간에 매매, 감정, 경매, 공매의 사실이 있는 경우의 그 가액을 말하며 평가기간 외의 범위▪에서도 지방세심의위원회를 통해서 적용 여부를 논의할 수 있다.

취득일 전 2년부터 취득일 후 6개월까지의 기간 중 평가기간을 제외한 기간

B 씨가 아버지로부터 공시가격 7억 원, 시세가 10억 원의 조정대상지역 내 아파트를 증여받을 예정이라고 가정해보자. 2022년에 증여를 받는다면 7억 원을 기준으로 취득세를 산정하지만 2023년에 증여를 받는다면 10억 원을 기준으로 취득세를 산정하게 된다. 해당 사례를 보면 과세표준의 차이로 세금이 3,600

만 원이나 차이가 난다는 것을 알 수 있다. 2023년부터 증여 취득시 시가인정액을 기준으로 과세할 수도 있기 때문에 이 상황에선 증여 시기도 매우 중요하다고 할 수 있다.

구분	2022년 증여	2023년 증여
과세표준	7억 원	10억 원
취득세율	12%	12%
취득세	8,400만 원	1억 2,000만 원

✅ 매매 취득시 사실상의 취득 가격

매매 취득시 사실상의 취득 가격은 기존 매매가액과 다를 바가 없다. 하지만 특수관계인으로부터 통상 인정되는 시가보다 저렴하게 매매가 이뤄진 경우에는 시가인정액을 취득가액으로 정하는 예외를 두고 있다.

따라서 관할 시, 군, 구는 특수관계인으로부터 시가인정액보다 낮은 가격으로 부동산을 취득한 경우(시가인정액과 매매가액의 차이가 3억 원 이상이거나 시가인정액의 5% 이상인 경우)에는 시가인정액을 취득가액으로 정할 수 있다.

예를 들어 무주택자인 C 씨는 아버지로부터 시세 12억 원의 아파트($85㎡$ 초과)를 해당 시세보다 저렴한 10억 원 정도로 매매가액을 책정하여 구입했다. 일반적인 아파트 매매의 경우 12억 원에 따른 취득세를 납부해야 하지만, 가족 간에 아파트 매매이기 때문에 10억 원에 따른 취득세를 납부하게 된다.

이렇듯 실제 거래 당사자 간에 형성된 매매가액을 과세표준으로 하여 취득세를 과세하므로 일반적인 거래와 특수관계인 간의 거래 사이에 형평성에 어긋나 있던 부분을 이번 개정안을 통해 바로잡았다.

• 2023년 보완되는
매매시 취득세 과세표준

구분	일반적인 경우	아버지로부터 구입한 경우
과세표준	12억 원	10억 원
취득세율	3.3%	3.3%
취득세	3,960만 원	3,300만 원

취득세 중과세를 통해서 납세자들의 취득세 부담이 많이 늘어났는데, 이번 개정을 통해 한 번 더 취득세 부담이 늘어날 것으로 보여 우려가 된다. 다행히 2023년부터 시행되는 규정이라 아직 시간적 여유는 있는 편이다. 따라서 가족 간 매매나 증여 취득을 고려하고 있다면 2023년 개정 세법이 적용되기 전에 실행하는 것이 좋다.

05

취득세
감면받을 수 있다

**취득세 특례를
받을 수 있는
3가지 방법**

부동산을 취득하면 당연히 세금을 내야 한다. 이것은 불변의 이치다. 하지만 세대 구분 및 상황에 따라 세금 감면을 받을 수 있다. 취득세의 경우 세금을 감면받을 수 있는 방법은 크게 동거봉양, 일시적 2주택, 생애최초 취득세감면 3가지로 볼 수 있다. 해당 규정마다 세대를 구분하여 계산해야 하니, 자신이 어떤 세대에 속하는지 알아보는 것이 제일 먼저다.

✅ 1세대에 속하면 감면받을 수 있다

1세대란 주택을 취득하는 사람과 주민등록법상 세대별 주민등록표에 함께 기재되어 있는 가족으로 구성된 세대를 말한다. 주택을 취득하는 사람의 배우자, 취득일 기준으로 현재 미혼인 30세 미만의 자녀 또는 부모(주택을 취득하는 사람이 미혼이고 30세 미만인 경우)는 주택을 취득하는 사람과 같은 세대별 주민등록표에 기재되어 있지 않더라도 1세대에 속한 것으로 본다.

　30세 미만 자녀의 경우, 부모와 같은 세대별 주민등록표에 기재되어 있지 않더라도 부모와 같은 세대로 보지만 일부 예외가

2022년 1인 가구의 중위소득은 1,944,812원이다.

있다. 일정 규모(중위소득* 100분의 40 이상) 이상의 소득이 있으며 소유하고 있는 주택을 관리하고 유지하면서 독립된 생계를 유지할 수 있는 경우에는 독립된 세대로 본다.

1세대의 구성

- 본인
- 배우자
- 미혼인 30세 미만 자녀
- 부모(본인이 미혼 & 30세미만인 경우)

• 독립세대 구분

구분	내용
소득 범위	계속적·반복적 소득 ex) 근로소득, 사업소득 등
소득 산정 기간	주택 취득일로부터 과거 1년의 기간 (근로·사업소득자의 소득이 미달하는 경우에는 2년 동안의 소득으로 판단 가능함)
소득 금액 규모	소득 산정 기간 동안 월평균 소득이 중위소득의 100분의 40 이상

그렇다면 만 18세 이하의 경우 독립세대의 요건을 갖추면 독립세대로 인정받을 수 있을까? 그렇지 않다. 미성년자의 경우 부모의 보살핌이 필요하기 때문에 설령 독립세대의 요건을 갖췄다고 하더라도 독립세대가 될 수 없다.

① 중위소득으로 인정되는 소득의 종류는 무엇일까?

- 소득세법 제4조에 따른 소득으로써 종합소득, 퇴직소득, 금융투자소득, 양도소득으로 규정하고 있다.

② 미성년자(만 18세 이하)인 경우에도 세대 분리가 가능할까?

- 미성년자의 경우 독립된 생활을 영위하고, 소득 요건을 충족하는 경우라도 부모와 동일세대원으로 보게 된다.

동거봉양

주택 취득일을 기준으로 65세 이상의 부모(부모 중 한 사람만 65세 이상인 경우 포함)를 봉양하기 위하여 30세 이상의 자녀, 혼인한 자녀 또는 소득 요건을 충족하는 성년인 자녀가 합가한 경우에는 함께 세대를 구성하고 있음에도 각각을 별도세대로 본다.

일시적 2주택 (중과배제)

앞에서 잠깐 설명했지만 1세대 2주택자가 조정대상지역에 있는 주택을 취득하는 경우에는 9%(농어촌특별세와 지방교육세 포함)의 세율이 적용되지만, 일시적 2주택에 해당하는 경우에는 표준세율 1~3%가 적용된다.

일시적 2주택이란 국내에 주택, 조합원입주권, 주택분양권 또는 오피스텔(이하 '종전 주택 등'이라 함)을 1채 소유한 1세대가

일시적 2주택 요건

종전 주택 등	신규 주택	종전 주택 등
2019년 1월 취득	2021년 5월 취득	2021년 8월 양도

이사, 학업, 취업, 직장 이전 및 이와 유사한 사유로 다른 1주택 (신규 주택)을 추가로 취득한 후 일시적 2주택 기간 이내에 종전 주택 등을 처분하는 경우의 주택(신규 주택)을 말한다.

한편 조합원입주권과 주택분양권 주택 간의 일시적 2주택 관계에서 신규 주택이 조합원입주권과 주택분양권에 의한 주택이거나 종전 주택 등이 조합원입주권과 주택분양권인 경우에는 신규 주택을 종전 주택 등으로 볼 수 있다.

다시 말해, 조합원입주권 또는 주택분양권에 의한 주택 또는 신규 주택 어느 것을 양도해도 기한 내에 처분하면 일시적 2주택 요건을 충족할 수 있다는 의미다. 90페이지 상단 표를 보면 이해가 빠를 것이다.

일시적 2주택으로 인정되는 기간은 신규 주택을 취득한 날로부터 3년이다. 하지만 종전 주택 등과 신규 주택이 모두 조정대상지역에 있는 경우에는 1년이다. 따라서 일시적 2주택 기간인

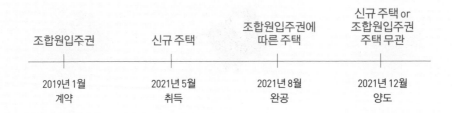

조합원입주권 및 주택분양권 일시적 2주택 요건

조합원입주권	신규 주택	조합원입주권에 따른 주택	신규 주택 or 조합원입주권 주택 무관
2019년 1월 계약	2021년 5월 취득	2021년 8월 완공	2021년 12월 양도

3년(1년) 이내에 종전 주택 등을 양도해야 취득세 추징을 피할 수 있다.

• 일시적 2주택 기간

소재지		기간
종전 주택 등	신규 주택	
조정대상지역	조정대상지역	1년
조정대상지역	비조정대상지역	3년
비조정대상지역	조정대상지역	

다만, 조합원입주권과 주택분양권을 보유한 1세대가 그 조합원입주권과 주택분양권을 소유한 상태에서 신규 주택을 취득한 경우에는 해당 조합원입주권과 주택분양권에 의해 주택을 취득(완공)한 날부터 일시적 2주택 기간을 기산한다. 이는 납세자의 주거 안정을 위한 규정으로, 아파트를 완공한 후 주거 이전을 보장하고자 함이다.

• 일시적 2주택 기산일

물건 종류		기간
종전 주택 등	신규 주택	
주택	주택	신규 주택 취득일
조합원입주권과 주택분양권	주택	조합원입주권과 주택분양권에 의해 주택이 완성된 때
주택	조합원입주권과 주택분양권	

　일시적 2주택으로 신고했으나 그 취득일로부터 매도 의무 기간(일시적 2주택 기간) 내에 종전 주택 등을 처분하지 못하여 1주택으로 되지 아니한 경우에는 미납한 세액에 가산세가 붙는다. 그러니 기한을 꼭 지켜 구청에서 납세고지서가 오지 않도록 하는 것이 가장 좋다.

　D 씨는 최근 신규 주택을 취득하면서 1세대 2주택자가 됐다. 등기이전을 위해 취득세를 납부하려는데, 법무사가 종전 주택을 1년 내에 처분하는 조건으로 1~3% 표준세율로 취득세를 납부할 것인지, 2주택 중과세율인 8%로 취득세를 납부할 것인지를 신중하게 검토해보라고 권했다. 부동산 시세 차익을 위해 4배 상당의 취득세를 낼 것인지, 표준세율의 취득세와 양도소득세 비과세 혜택을 받으면서 갈아타기를 할 것인지를 선택해야 하는 상황이다. 표준세율로 납부 후 1년 이내 양도하지 않을 경우 가산세와 함께 추가 세액을 납부해야 하기 때문에 신중하게 결정할 필요가 있다.

생애최초 주택

생애최초 주택을 구입한 경우 취득세를 감면받을 수 있다. 청장

년층 등 전 국민의 생애최초 주택 구입을 지원하기 위한 취지로 만들어졌으며, 2023년 12월 31일까지 취득세를 감면하며, 취득 당시의 가액이 1억 5,000만 원 이하인 경우 취득세를 전액 면제하고 1억 5,000만 원을 초과하는 경우에는 취득세의 50%를 경감한다. 다만, 취득 당시 가액이 3억 원(수도권 4억 원)을 초과하면 감면 대상이 되지 않는다.

또한, 다른 세대원으로 인해 다주택자에 해당되더라도 취득자가 생애최초 주택 구입 감면 대상에 해당될 때에는 취득세 중과세율 적용이 배제되니 꼭 기억하는 것이 좋다.

• 생애최초 주택 요건

구분	내용
대상	생애 최초로 주택을 구입하는 세대의 세대원 (만 19세 이상)
범위	100% 감면 : 1억 5,000만 원 이하 50% 감면 : 3억 원(수도권 4억 원) 이하
소득	세대 합산 7,000만 원 이하
기간	2020년 7월 10일 ~ 2023년 12월 31일

감면받은 취득세를 추징당하는 경우

다만 아래와 같은 경우는 감면받은 취득세를 추징받을 수 있으니, 이점을 꼭 염두에 둬야 한다. 크게 3가지로 나뉠 수 있다.

①생애최초 주택 구입에 따른 취득세 감면을 받은 후 3개월 이내 거주를 하지 않거나 ②주택을 추가로 취득하여 1세대 1주택자가 되지 않거나 ③해당 주택에 상시 거주한 기간이 3년 미

만인 상태에서 해당 주택을 매각, 증여(배우자에게 지분을 매각, 증여하는 경우는 제외)하거나 다른 용도로 사용(임대 포함)하는 경우에는 감면받은 취득세가 추징될 수 있으니 이것 또한 기억하는 것이 좋다. 아래의 표를 꼼꼼하게 확인하기 바란다.

• 감면액 추징요건

구분	내용	기간
거주	취득 후 거주를 시작하지 않는 경우	
		3개월 이내
주택	취득 후 1세대 1주택이 되지 아니한 경우	
사용	거주 기간 미충족 상태에서 해당 주택을 매각, 증여, 임대 등으로 사용 (배우자에게 매각, 증여하는 경우 제외)	3년 미만

06

집을 구매할 때
자금 출처는 명확하게

**탈세를 예방하기 위한
주택자금조달
계획서**

앞에서 잠깐 언급했지만 주택을 취득하는 단계에서 취득세 신고와 함께 주택자금조달계획서를 제출해야 한다. 주택자금조달계획서의 정식 명칭은 '주택취득자금 조달 및 입주계획서'로, 주택을 구매하면서 어떠한 자금을 원천으로 집을 구매했는지 자금 출처를 밝히는 것이다.

예금이나 주식 또는 부동산매각대금, 대출, 차용, 소득, 증여, 상속 등에 따라 구분 기재해야 하고, 거짓으로 작성할 경우 과태료 등의 불이익이 따르게 된다. 이 부분은 매우 중요할 수 있기 때문에 좀더 구체적으로 알아보자.

2017년 8월 2일 부동산 대책이 발표되면서 주택시장 안정화 방안의 한 가지로 투기과열지구 내 일정 금액 이상 주택 거래 신고시 주택자금조달계획서 제출이 의무화됐다. 하지만 투기 수요를 대응하는 데 한계가 있다는 점을 파악하고 대책을 추가적으로 발표했다.

그 결과 규제 지역(투기과열지구나 조정대상지역) 내 모든 주택 취득에 따른 주택자금조달계획서 제출이 의무화됐다. 이는 편법 증여나 이상거래를 적발하는 동시에 자금 출처를 밝히지 못하는 사람의 매매를 간접적으로 억제함으로써 투기 수요를 잠재우겠다는 목적을 가지고 있다. 더 나아가 세금 탈루 여부를 검증하고 세금 포탈을 방지하겠다는 정책적 의도가 엿보인다.

시행 초기에는 투기과열지구의 경우에 한정하여 거래가액 3억 원(비규제 지역의 경우 6억 원) 이상의 주택 취득에 대해 주택자금조달계획서를 작성 및 제출했으나, 부동산 투기가 날이 갈수록 과열되자 2020년 6월 17일 대책을 추가 발표하면서 규제 지역(투기과열지구나 조정대상지역) 내 모든 주택(비규제 지역은 현행 유지)이 주택자금조달계획서 작성 의무 대상으로 변경됐다.

또한 기존 거래가액 9억 원을 초과하는 경우에만 수반됐던 객관적 증빙 자료 첨부 또한 규제 지역 내 모든 주택 거래시 제출로 확대됐다.

• 주택자금조달계획서 및 증빙 자료 제출 대상 변경 내역

구분		기존	개정
주택자금 조달 계획서	규제 지역	3억 원 이상	모든 거래
	비규제 지역	6억 원 이상	개인 (6억 원 이상) 법인 (모든 거래)
증빙 자료	투기과열지구	9억 원 초과	모든 거래

주택자금조달 계획서는 누가 제출할까?

집을 구매하는 경우 일반적으로 공인중개사를 통해 집을 구매하는 사람과 집을 팔려는 사람이 매매계약서를 체결한다. 이 과정에서 공인중개사는 '부동산 실권리자명의 등기에 관한 법률'

에 따라 매매계약일로부터 30일 이내에 부동산 실거래가를 신고할 의무가 있는데, 이때 주택자금조달계획서를 같이 제출하도록 의무화하고 있다. 따라서 실무적으로는 공인중개사가 작성된 주택자금조달계획서를 실거래가 신고와 함께 시, 군, 구청에 제출하고 있다.

주택자금조달 계획서는 어떻게 작성할까?

주택자금조달계획서 작성은 납세자에게 어려운 부분이다. 주택자금조달계획서의 정식 명칭인 주택취득자금 조달 및 입주계획서를 보면 '자기 자금 부분'이 나온다. 해당 란은 본인이 가지고 있는 자금을 바탕으로 적어야 하는데 보통 예금액이나 증여, 상속받은 금액, 주식 또는 부동산 매각 대금 등으로 기재한다. '차입금 등 부분'은 은행에서 차입(주택담보대출, 신용대출)하거나 임대보증금, 지인 차입금 등을 기재한다.

각 조달계획의 빈칸에는 증빙 자료를 바탕으로 구성된 금액을 기재하도록 권장하므로 신고하지 않은 증여 금액이나 부동산 매매대금의 경우 추후 세무조사로 파생될 가능성이 높다. 예를 통해 자세하게 기재해보자.

나조달 씨는 30대 중반의 미혼으로, 결혼을 준비하기 위해 집을 알아보던 중 공인중개사를 통해 매매가액 5억 원의 주택을 구매했다. 취득하는 주택의 경우 전체 매매가액은 5억 원이며, 세입자가 보증금 2,000만 원에 월세 100만 원으로 임차하고 있다. A씨는 적금 1억 5,000만 원과 최근 주식시장의 호재로 시세차익 중 약 3,000만 원 정도를 현금화했고, 집 사는 데 도움을 주시겠다는 어머니께 5,000만 원을 받았다. 이외에 주거래은행에서 2억 3,000만 원을 차입하고 결혼을 약속한 여자친구에게

주택취득자금 조달 및 입주계획서

※ 색상이 어두운 난은 신청인이 적지 않으며, [ ]에는 해당되는 곳에 √표시를 합니다.　　　　　　(앞쪽)

접수번호	접수일시	처리기간

제출인 (매수인)	성명(법인명) 나조달	주민등록번호(법인·외국인등록번호) 123456-******
	주소(법인소재지) 서울 서초구 양재동	(휴대)전화번호 010-1234-5678

① 자금 조달계획	자기 자금	② 금융기관 예금액 150,000,000 원	③ 주식·채권 매각대금 30,000,000 원
		④ 증여·상속 50,000,000 원	⑤ 현금 등 그 밖의 자금 원
		[ ] 부부 [v] 직계존비속(관계: 모) [ ] 그 밖의 관계( )	[ ] 보유 현금 [ ] 그 밖의 자산(종류:)
		⑥ 부동산 처분대금 등 원	⑦ 소계 230,000,000 원
	차입금 등	⑧ 금융기관 대출액 합계 주택담보대출 　신용대출 　그 밖의 대출 원 (대출 종류:)	230,000,000 원 원 원
		기존 주택 보유 여부 (주택담보대출이 있는 경우만 기재) [ ] 미보유 [ ] 보유 (건)	
		⑨ 임대보증금 20,000,000 원	⑩ 회사지원금·사채 원
		⑪ 그 밖의 차입금 20,000,000 원	⑫ 소계
		[ ] 부부 [ ] 직계존비속(관계:) [v] 그 밖의 관계(여자친구)	270,000,000 원
	⑬ 합계		500,000,000 원

⑭ 조달자금 지급방식	총 거래금액	원
	⑮ 계좌이체 금액	원
	⑯ 보증금·대출 승계 금액	원
	⑰ 현금 및 그 밖의 지급방식 금액	원
	지급 사유 ( )	

⑱ 입주 계획	[ ] 본인입주 [ ] 본인 외 가족입주 (입주 예정 시기: 년 월)	[v] 임대 (전·월세)	[ ] 그 밖의 경우 (재건축 등)

「부동산 거래신고 등에 관한 법률 시행령」 별표 1 제2호나목, 같은 표 제3호가목·전단, 같은 호 나목 및 같은 법 시행규칙 제2조제6항부터 제9항까지의 규정에 따라 위와 같이 주택취득자금 조달 및 입주계획서 를 제출합니다.

2021 년 12 월 15 일

제출인

(서명 또는 인)

시장·군수·구청장 귀하

주택취득자금 조달 및 입주계획서

2,000만 원을 빌려 주택 취득 자금을 구성했다.

하지만 집을 구매한 후 취득 신고부터 시작해 주택자금조달계획서를 작성하라고 하니, 어떻게 해야 할지 난감하던 차에 세무사를 찾았다.

97페이지의 주택취득자금 조달 및 입주계획서의 양식을 살펴보면 매우 간단하다. 아래에 예시가 있으니 그것을 토대로 기재하면 된다. 먼저 자기 자금 예금액은 ②에, 주식·채권 매각대금은 ③에, 어머니가 주신 돈은 증여에 해당하니 ④증여·상속란에 기재하고, 정확하게 직계존비속에 '모(母)'라고 적는다.

그 다음에는 차입금 부분인데 ⑧주택담보대출에 2억 3,000만 원을 기재하고, ⑨ 임대보증금을 기재하고, 여자친구에게서 받은 금액은 ⑪번에 기재하고, 관계를 밝혀둔다. 그러면 자금조달계획 부분은 끝났다.

증빙 자료는 미리 준비해야

주택자금조달계획서를 작성했다고 다 끝난 것은 아니다. 주택자금조달계획서에 기재한 항목별로 관련된 증빙 자료를 첨부해야 한다. 각 공공기관 및 은행에서 인정한 서류들이 대부분이며 양이 방대하므로 미리미리 준비해야 제출하기에 수월하다.

주택자금조달 계획서를 작성할 때 주의할 점은?

주택자금조달계획서를 작성할 때 증여와 차용에서 잘못 기재하면 추후 세무조사로 이어질 수 있으니 매우 조심해야 한다. 증여의 경우 기존에 신고된 증여세 신고서, 납세증명서를 첨부해야 한다. 만약 신고가 되지 않은 증여재산의 경우 추후 세무조사로 인해 적발될 수 있으며 그에 따라 납부되지 않은 증여세와 가산세가 부과될 수 있으니 유념해야 한다.

차용의 경우 제3자가 아닌 혈연관계나 특수관계인 간에 형성되는 경우가 빈번하기 때문에 해당 차용 관계는 형식적이며 실질은 증여로 의심될 수 있다.

따라서 채무자는 실제 금전을 차용해야 하며 차용 관계에서는 반드시 원금 상환이 전제되어야 한다는 점을 명심해야 한다. 부모 자식 간에 원금 상환 없이 대여해주는 금전은 단순증여로 볼 소지가 다분하기 때문에 원금 상환 기한에 대해서 현실적으로 작성해야 한다.

• 주택자금조달계획서
  기재항목별 증빙 자료

	기재항목	증빙 자료
자기 자금	금융기관 예금액	예금잔액증명서 등
	주식·채권 매각대금	주식거래내역서, 잔고증명서 등
	증여·상속	증여·상속세 신고서, 납세증명서 등
	현금 등 그 밖의 자금	소득금액증명원, 근로소득 원천징수영수증 등
차입금 등	부동산 처분대금 등	부동산매매계약서, 부동산임대차계약서 등
	금융기관 대출액	금융거래확인서, 부채증명서, 대출신청서 등
	임대보증금 등	부동산임대차계약서
	회사지원금·사채· 기타 차입금 등	금전 차용을 증빙할 수 있는 서류 등

■
상속세및증여세법 제41조의4 '금전 무상대출 등에 따른 이익의 증여'에서 규정하는 내용으로 적정 이자와 실제 지급한 이자 차이가 연간 1,000만 원 이하인 경우에 대해서는 해당 이자상당액에 대하여 증여재산가액에 가산하지 않는다는 내용이다.
- 적정 이자율(세법) : 4.6%
- 실제이자율 : 0%
- 대출금액 : X(일정금액)

▶ 연간 이자 차액이 1,000만 원 미만이 되는 최대 금액은 약 217,391,280원으로 계산된다.

또한 해당 금전 차용 거래가 실제 차용 여부를 증명하기 위해서 이자를 규칙적으로 지급해야 한다. 현행 증여세법상 차용 금액이 일정 금액■에 미달하는 경우 이자를 지급하지 않아도 해당 이자 금액에 대해서 증여로 보지 않는 규정이 있으므로, 다수의 납세자들이 실제 이자를 지급하지 않고 차용 관계를 유지하는 경우가 더러 있다.

해당 사례의 경우 이자를 지급하지 않음에 따른 증여세는 발생하지 않으나, 주택 등 취득에 관한 자금 출처로 보기는 어렵다. 차용 관계에서 이자를 지급하지 않는다면 차용 관계가 아닌 단순증여로 보기 때문이다.

실제 다수의 예규 및 판례에서는 이자 지급이 없는 차용 관계는 증여로 본 사례가 많다. 따라서 매월 이자를 계산하여 상대방에게 일정 시점(매월 권장)마다 지급하고, 가급적이면 원금도 분할 상환을 통해서 갚으려는 의지를 보여주는 것이 중요하다.

이자와 원금은 반드시 계좌이체를 통해 지급하여 기록을 남기는 방안을 추천한다. 소액이라고 해서 현금으로 지급한다면 추후 이자 및 원금을 지급했다는 인과관계를 증명하기 어렵다.

원리금 상환 기간은 20년 또는 30년 등 상식적으로 너무 긴 기간을 설정하거나 터무니없이 낮은 이자율을 설정한다면 과세관청은 차용 행위 자체를 부인하고 증여로 과세할 수 있으므로 주의하자.

또한 본인 상환 능력에 비해 과다한 금액을 차용하게 된다면, 이마저도 인정되지 않을 수 있다. 은행에서 상환 능력이 되지 않는 고객에게 대출을 승인하지 않는 경우와 같은 맥락이다. 이자율 설정에 따라서 이자상당액에 대한 증여세가 과세될 수도 있으니, 전문세무사에게 도움을 받는 것도 한 방법이다.

요즘 같은 시대에 혼자서 열심히 일해 집을 사기는 다소 어려울 수 있다. 이때는 증여와 차용을 적절히 활용해서 자금을 조달해 집을 산다면 상당히 수월할 수 있다. 증여의 경우에는 5,000만 원(수증자가 성년인 직계비속인 경우)까지 증여재산 공제가 가능하고, 과세표준 1억 원까지는 10%의 세율을 적용받기 때문에 비교적 적은 세금을 납부하고 1억 5,000만 원의 자금을 자녀에게 이전할 수 있다.

• 1억 5,000만 원을 직계비속에게 증여하는 경우

구분	금액
증여재산가액	1억 5,000만 원
증여재산 공제	5,000만 원
과세표준	1억 원
세율	10%
산출세액	1,000만 원

종종 특수관계인과 차용증을 작성하여 자금을 차입하고 해당 자금을 주택 취득 자금으로 조달하는 경우가 있다. 최근 국세청은 특수관계인 간의 차용 관계가 있는 경우 자금을 상환하는지 체크(부채 사후관리)하는 횟수를 늘리며, 끝까지 추적하여 상환하지 않는 경우 증여세를 부과하겠다고 선언한 바 있다.

증여세는 언제까지 신고하고 납부해야 할까?

현금 증여의 경우 계좌이체를 받은 날이 증여일이 된다. 증여세는 증여일이 속하는 달의 말일로부터 3개월이 되는 날까지 신고하고 납부해야 한다. 예를 들어 6월 15일에 현금 증여를 받은 경우 9월 30일까지 증여세를 신고하고 세액을 납부해야 한다.

편법 증여에 대한 국세청에 대한 사후관리

국세청은 증여세를 내지 않은 채 자녀에게 집을 사주거나 전세금을 대준 편법 증여가 적지 않을 것으로 판단한다. 부모와 자식 간에 차용증을 쓰고 돈을 빌려준 것처럼 꾸민 뒤 갚지 않거나 은행 대출의 원금이나 이자를 부모가 대신 갚는 게 대표적인 꼼수다. 국세청은 장기 부채에 대해서는 채무 면제나 사실상 증여 여부 등을 면밀히 점검할 계획이라고 밝혔다.

Q1 오피스텔 분양권을 보유하고 있습니다. 주택분양권과 동일하게 취득세 산정 시에 주택 수에 포함되나요?

A1 오피스텔이 분양권 상태일 경우 실제 용도, 즉 상업용이냐 주거용이냐가 정해지지 않았기 때문에 주택 수에 포함되지 않습니다.

Q2 주택과 조합원입주권을 보유하고 있는데 조합원입주권이 주택으로 완공되는 경우 완공된 주택에 취득세 중과세율이 적용되나요?

A2 1주택을 보유한 상태에서 조합원입주권이 주택으로 완공된다면 2주택이라고 생각할 수 있습니다. 그러나 조합원입주권에 의한 주택 취득은 매매 등을 통한 유상 거래가 아닌 원시취득(조합원이 직접 건설한 것으로 봄)에 해당하므로, 중과세율이 적용되지 않으며 보유 주택 수와 무관하게 2.8% 세율이 적용됩니다.

Q3 주택을 취득하려고 하는데 부동산 등기 신고 말고도 기타 수반되는 신고가 있는 것으로 압니다. 주택의 취득시 신고 과정은 어떻게 되나요?

A3 먼저 부동산 거래 계약 체결일로부터 30일 이내에 주택 소재지 관할 지자체에 신고를 합니다. 그리고 잔금일에 주택을 취득하게 되면 이때부터 60일 이내(상속은 6개월)에 취득세를 신고해야 합니다. 필요 서류는 취득세 신고서, 매매계약서, 부동산 거래계약 신고필증, 분양일 경우 분양계약서 사본, 잔금 납부 영수증입니다.
그 다음은 등기 신청입니다. 잔금일(증여는 계약일)로부터 60일 이내에 주택 소재지 관할 등기소에 신고합니다. 필요 서류는 등기신청서, 부동산 매매(증여)계약서, 등기 원인증서*, 취득세 납부 영수증, 국민주택채권매입증 등입니다.

- 등기할 권리 변동의 원인인 법률 행위 또는 법률 사실의 성립을 증명하는 정보로, 매매계약서, 저당권 설정계약, 대장등본, 주민등록등초본, 가족관계증명서 등이 이에 해당한다.

● 주택 취득 관련 신고 절차

부동산 거래 계약 신고	거래 계약의 체결일로부터 30일 이내에 주택 소재지 관할 지자체에 신고
취득세 신고	취득일로부터 60일 이내(상속은 6개월)에 신고 필요 서류 : 취득세 신고서, 매매계약서, 부동산거래계약 신고필증, 분양시 분양계약서 사본, 잔금 납부 영수증
등기 신청	잔금일(증여는 계약일)로부터 60일 이내에 주택 소재지 관할 등기소에 신고 필요 서류 : 등기신청서, 부동산 매매(증여)계약서, 등기원인증서, 취득세 납부 영수증, 국민주택채권매입증 등

Q4 부모님께 빌린 원금 반드시 갚아야 할까요? 5년 혹은 10년이 지나면 국세청이 모르지 않을까요?

A4 결론적으로 말하면 무조건 갚아야 합니다. 차용은 상환을 전제로 하기 때문에 증여세가 부과되지 않습니다. 운이 좋다면 적발되지 않고 지나가겠지만, 추후 상속이 개시되거나 부동산을 수차례 사고파는 행위를 하는 과정에서 한꺼번에 드러나기도 합니다. 또한 최근 국세청장이 실제로 부채(차용 금액)에 대한 사후관리를 연 1회에서 2회로 늘리며 끝까지 상환 여부를 추적하겠다고 밝혔습니다. 그렇기 때문에 부모님께 증여로 받지 않고 차용증을 쓰고 빌린 돈이라면 상환을 해야만 합니다.

Q5 만기상환으로 작성 후 대출 기간을 재연장하면 안 될까요?

A5 이 부분은 돈을 상환할 의지가 있는지와 관련하여 대출 기간 동안 성실하게 원리금을 상환했는지, 대출 기간을 재연장하는 불가피한 사유가 있는지 여부 등을 종합적으로 판단하여 결정하게 될 것입니다. 그래서 사유에 따라 인정이 될 수도 있고, 안 될 수도 있습니다. 다만 이러한 행위가 단순히 증여세를 회피하기 위한 수단으로 무한정 대출 기간을 늘려 나가는 것으로 확인된다면 인정받기 어려울 수 있습니다.

Q6 대학(원)생도 차용으로 인정받을 수 있나요?

A6 결론적으로 말하면 인정받을 수 없습니다. 소득이 없는 자가 금융기관에서 돈을 빌리지 못하는 것과 같은 이유라고 할 수 있습니다. 돈을 빌리는 행위가 성립하려면 채무자가 해당 원리금을 상환할 능력이 되어야만 합니다. 이러한 능력을 판단하는 기준은 국세청에 신고가 되는 소득을 바탕으로 판단합니다. 따라서 일정한 직업이 없는 대학생이나 아르바이트 등을 통한 경미한 소득만 있는 자라면 차용임을 인정받기가 어렵습니다.

Q7 부모님에게 원리금을 상환한 뒤 현금으로 돌려받는 방법은 어떤가요?

A7 증여세를 내지 않고 자식에게 돈을 주고 싶지만 그러지 못한 부모님들이 종종 활용하는 방법입니다. 차용증을 쓰고 매달 자식에게 이자를 받지만 그것을 모아 자식에게 되돌려 주는 것이지요. 걸리지만 않으면 문제의 소지가 될 확률은 적습니다. 다만 차용에 따라 장기간 원리금 지급이 이뤄질 것인데, 그 과정에서 부모님 통장에서 일정 금액이 주기적으로 인출이 되는 모습이 포착된다거나 해당 현금을 받은 자녀가 주기적으로 통장에 입금시킨다면 국세청은 이러한 행위들을 가장행위로 보아 차용을 부인하고 증여세를 부과할 수 있습니다.

Q8 차용증 확인은 등기소, 내용증명, 공증 등 어떤 방법을 통해 받아야 할까요?

A8 과세관청은 방법에 차등을 두지 않고 실제 차용 관계를 인정할 수 있는지 확인하므로 가장 적은 비용이 소모되는 방식을 추천합니다. 과세관청이 차용증이 실질인지 판단하는 기준은 2가지로 볼 수 있습니다.
첫 번째는 차용증이 사후 작성된 서류가 아니라 실제 금전 차용 당시 작성된 서류인지 여부고, 두 번째는 차용증의 내용대로 원리금 상환이 이행되고 있는지 여부입니다.
이러한 2가지 측면에서 봤을 때, 어떤 수단을 통해서 확인을 받느냐는 크게 중요하지 않습니다. 등기소나 내용증명 모두 부담스러운 금액이 발생하는 것이 아니기 때문에 이러한 방법을 통해서 대비를 해놓는 것을 추천합니다.

아는 만큼 보이는
세테크 3단계
-
보유세 편

01

부동산을 보유하기만 해도
과세되는 보유세

**집 1채라도
갖고 있으면
보유세를 내야**

전 세계 어느 나라도 세금에서 자유로울 수 없다. 모든 게 세금과 연결되어 있으며, 부동산을 1채라도 보유하고 있으면 세금을 내야 한다. 이를 '보유세'라고 하는데 재산세와 종합부동산세가 여기에 해당한다.

최근 들어 부동산 가격 상승과 함께 정부의 보유세 증가 정책으로 인해 납세자들의 관심이 이어지고 있다. 보유세라는 명칭에 걸맞게 현재 소유하고 있는 재산에 대해서 과세를 하므로 그 기준 가격과 세율이 핵심이다. 거래가 빈번하지 않은 부동산의 경우에도 보유세가 부가되고, 매매가액은 수시로 변동되기 때문에 보유세 부과 기준이 되는 금액은 매매가액이 아니라 공시가격이다. 일반적으로 공시가격은 시세의 60~70% 수준으로 결정된다.

하지만 급격하게 오르는 부동산 시세와 공시가격 간의 괴리가 크다고 판단한 정부는 부동산 시세와 공시가격의 간극을 좁히고 있기 때문에 그에 따라 자연스럽게 보유세가 상승되고 있다.

주택의 공시가격은 매년 4월 말 국토교통부에서 고시하며 인근 주민센터에서 주택가격조회신청서를 제출하여 확인해보거나 부동산 공시가격 알리미 사이트(www.realtyprice.kr)에서 간편하게 확인이 가능하다.

내가 소유하고 있는 주택이 빌라나 아파트 혹은 연립주택이라면 공동주택가격을, 단독주택이나 다가구주택이라면 개별주택가격을 적용받으니 한번 조회해보는 것을 추천한다.

재산세와 종합부동산세의 경우 보유세라는 점에서 공통점이 있지만, 차이점도 존재한다. 우선 재산세는 소재지 관할 시, 군, 구에서 부과하는 세금으로 지자체의 재정에 기여하는 바가 크다. 그러나 종합부동산세는 국세로써 소득세, 부가가치세처럼 중앙정부에 귀속되는 세금이다.

그리고 재산세는 부동산별로 과세하는 반면, 종합부동산세는 전국에 소재한 주택공시가격을 인별로 합산한 가액에 세율을 적용하여 부과하므로 재산세와는 확연한 차이가 있다.

매년 6월 1일을 기억하자

나보유 씨는 올해 새로운 집을 구매한 뒤 이사하고 기존에 살던 주택을 6월 말 무렵에 양도했다. 그런데 부과된 재산세 고지서를 보니 이미 양도한 주택에 대해서도 과세한 것이 아닌가. 주택을 이미 양도했는데 왜 재산세를 과세하는 건지 의문이라 관할 구청을 찾아갔더니 6월 1일 기준으로 판단하기 때문에 6월 1일 보유한 주택에 대해서도 재산세가 과세됐다는 답변을 들었다.

부동산을 보유하고 있으면 보유세인 재산세를 납부해야 한다. 재산세는 납세자가 보유하고 있는 재산을 가액별로 판단하여 지방자치단체가 과세하는 지방세로, 취득세와 마찬가지로

각 시, 군, 구의 주요 재정원이다. 재산세의 주요 과세대상으로는 주택, 토지, 건축물 등이 있으며, 다른 여타의 신고 의무를 수반하는 조세들과는 달리 정부 부과 세목으로 납세자에게 고지서가 발송된다.

재산세는 과세기준일인 매년 6월 1일을 기준으로 부과가 되므로 그날을 기준으로 부동산을 소유하고 있다면 납부고지서를 받고 재산세를 납부해야 한다. 또한 과세대상마다 납부 기한에 차등을 두고 있다. 건축물은 7월, 토지는 9월에 납부하고, 주택의 경우 절반은 7월, 나머지 절반은 9월에 납부한다. 다만 재산세가 20만 원 이하인 경우에는 7월에 한꺼번에 고지가 된다.

• 재산세 납부 시기

구분	7월	9월
주택분	주택분 1/2	주택분 1/2
건축물	건축물분 재산세	-
토지	-	토지분 재산세

부자만 내던 종합부동산세의 벽이 허물어지고 있다

종합부동산세는 2005년부터 다주택자 및 고액 부동산을 보유한 자에게 부과하여 조세 부담의 형평을 제고하는 제도다. 도입 초기에는 입법 취지에 맞게 우리나라 전체 인구의 약 3%만 부담할 정도로 부동산 부자들만 내는 세금이었으나 주택공시가격을 상승시키고 종합부동산세를 개정하면서 현재는 서울에 집 1채만 가지고 있어도 종합부동산세 대상이 될 수 있다.

종합부동산세 또한 매년 6월 1일을 기준으로 일정 금액 이상의 국내 주택과 토지를 보유한 사람에게 과세되는 보유세다. 재산세는 모든 주택에 과세하지만 종합부동산세는 소유 주택의 공시가격 합계액이 6억 원을 넘어야 한다. 단, 1세대 1주택자는 11억 원을 공제한다.

과세기준일로 6억 원이 넘은 주택을 소유하고 있다면 종합부동산세를 납부할 의무가 생긴다. 납세자 본인이 직접 신고하거나 납부하는 경우에는 고지세액이 취소되나 납세자의 신고 내용이 사실과 다르거나 금액을 축소해 신고한 경우에는 가산세가 부과된다. 일반적으로 고지서를 통해 고지세액이 고지되고, 납부 기간은 12월 1일부터 12월 15일이다.￭

우리가 염두에 둬야 할 것은 재산세와 종합부동산세는 과세 주체가 다르다는 점이다. 재산세는 지방자치단체가 과세 주체로 궁금한 점이 있다면 시,군,구청에 문의해야 한다. 반면 종합부동산세는 중앙정부가 과세 주체로 궁금한 점이 있다면 세무서나 국세청에 문의해야 한다.

￭ 종합부동산세 분할 납부
· 250만 원 초과 500만 원 이하 : 250만 원 초과 금액에 대하여 분납 가능
· 500만 원 초과 : 고지세액의 최대 2분의 1까지 분납 가능

02

재산세와 종부세는
어떻게 계산할까?

**쉽게 이해하는
재산세 계산법**

재산세는 보유세이므로 과세표준인 주택공시가격이 중요하다. 보유세 계산상의 특성상 현재 자신이 소유하고 있는 집의 시세 변동과는 무관한 공시가격을 바탕으로 부과하기 때문에 보유 주택의 공시가격과 적용 세율만 알 수 있다면 비교적 간단히 계산해볼 수 있다.

재산세 과세표준은 공시가격에 공정시장가액비율을 곱해서 구한다. 여기서 공정시장가액비율이라는 다소 생소한 단어가 나오는데 이것은 재산세와 종합부동산세 과세기준이 되는 과세표준을 정할 때 주택공시가격에 곱하는 비율을 의미한다. 현재 주택에 적용되는 재산세의 공정시장가액비율은 60%로 정해져 있으며, 토지 및 건축물은 70%의 공정시장가액비율을 적용한다. 공시가격의 100%를 과세표준으로 산정할 경우 납세자들의 세부담이 너무 과다하기 때문에 이를 막기 위해 도입됐고, 일종의 할인율 성격인 공정시장가액비율을 반영하도록 한 것이다.

• 부동산별 재산세 과세표준

구분	내용
주택	개별주택가격 혹은 공동주택가격 × 공정시장가액비율(60%)
토지	개별주택가격 혹은 공동주택가격 × 공정시장가액비율(70%)
건축물	개별주택가격 혹은 공동주택가격 × 공정시장가액비율(70%)

• 주택 과세표준에 따른 세율

과세표준	표준세율 (주택가격 6억 원 초과 다주택자·법인)	특례세율 (주택가격 6억 원 이하 1주택자)
6,000만 원 이하	0.1%	0.05%
6,000만 원 초과 ~1억 5,000만 원 이하	0.15%	0.1%
1억 5,000만 원 초과 ~3억 원 이하	0.25%	0.2%
3억 6,000만 원 이하	0.4%	0.35%
3억 6,000만 원 초과		–

예를 들어 서울의 한 아파트 공시가격이 6억 원일 경우를 알아보자. 공시가격에 공정시장가액비율 60%를 적용하고 나면 과세표준이 3억 6,000만 원이 될 것이고 세율은 0.4%가 적용된다. 해당 금액에서 누진공제액 63만 원을 차감해주면 부담해야 할 재산세가 대략적으로 81만 원이다.

여기에 부가적으로 과세되는 지방교육세, 재산세 도시지역분까지 가산이 되면 114페이지 산출식과 같이 약 148만 원의 재산세가 나오고, 이를 7월과 9월에 반반씩 납부하면 된다.

공시가격 6억 원 아파트 재산세액 구하기

- 과세표준 : 600,000,000(주택공시가격)×60%(공정시장가액비율)=360,000,000원

- 재산세 : 360,000,000×0.4%(표준세율)=1,480,000원

쉽게 이해하는 종합부동산세 계산법

종합부동산세 역시 보유세이기 때문에 공시가격과 세율이 핵심인데, 보유하고 있는 주택의 공시가격이 높을수록 과세표준이 높아지고, 보유 주택 수에 따라 세율 차이가 발생한다. 먼저 주택의 공시가격을 조회해보고 다음에 따른 계산 구조를 통해 예상 종합부동산세를 산출해볼 수 있다. 다만, 보유하는 모든 주택에 대해 과세하는 것이 아니라 보유하는 주택의 과세표준이 일정 금액(인별 6억 원, 1세대 1주택자는 11억 원) 이상이어야 과세가 되므로 재산세와는 다소 다른 면이 존재한다.

우선 종합부동산세 계산법은 아래와 같다.

1차적으로 종합부동산세 과세표준을 산정해야 한다. 과세표준은 인별 주택공시가격 합계액에서 공제금액 6억 원(1세대 1주택자는 11억 원)을 차감한 후 공정시장가액비율을 곱하여 산정된다.

주택분 종합부동산세 과세표준
=(인별 주택공시가격 합계액 – 6(11)억 원)
×공정시장가액비율(100%)

과세표준을 산정했다면 세액을 산정해보자. 과세표준에 세율을 곱한 후 적용되는 세액공제를 차감한다면 납부해야 할 종합부동산세가 산출된다.

$$종합부동산세액$$
$$=(과세표준 \times 세율) - 세액공제$$

✅ 과세대상별 공제금액

종합부동산세 과세대상에는 주택, 종합 합산 토지, 별도 합산 토지 총 3종류인데, 그에 따른 공제금액이 그룹별로 다르다. 특히 주택의 경우 최근 공시가격의 현실화로 인해 수도권 소재 주택의 대부분은 공제금액 6억 원을 상회하기 때문에 현실적으로 공제금액이 다소 낮다고 볼 수 있다.

• 유형별 공제금액

유형별 과세대상	공제금액
주택	주택공시가격 6억 원 (1세대 1주택자는 11억 원)
종합 합산 토지 (나대지▪등)	토지공시가격 5억 원
별도 합산 토지 (상가 부속토지 등)	토지공시가격 80억 원

▪ 지상에 건축물이나 구축물(둑이나 축대 등의 시설물)이 없는 대지

종합 합산 토지 : 토지에 대한 재산세 과세대상의 하나로, 과세기준일 현재 납세의무자가 소유하고 있는 토지 중 별도 합산 과세대상 또는 분리 과세대상이 되는 토지를 제외한 토지를 말한다.

별도 합산 토지 : 과세기준일 현재 납세의무자가 소유하고 있는 토지 중 지방세법에서 규정하고 있는 건축물의 부속토지, 차고용 토지, 보세창고용 토지, 시험 · 연구 · 검사용 토지, 물류단지시설용 토지 등 주택이나 논과 밭 등이 없거나 해당 토지의 이용에 필요한 시설 등을 설치하여 업무 또는 경제활동에 활용되는 토지를 말한다.

분리과세 대상 토지 : 토지에 대한 재산세 과세대상의 하나로, 과세기준일 현재 납세의무자가 소유하고 있는 토지 중 국가의 보호나 지원 또는 중과가 필요한 토지로써, 다음의 어느 하나에 해당하는 토지를 말한다.
① 공장용지·전·답·과수원 및 목장용지로써 대통령령으로 정하는 토지
② 산림의 보호육성을 위하여 필요한 임야 및 종중 소유 임야로써 대통령령으로 정하는 임야
③ 골프장용 토지와 고급 오락장용 토지로써 대통령령으로 정하는 토지
④ 공장의 부속토지로써 개발제한구역의 지정이 있기 이전 그 부지 취득이 완료된 곳으로써 대통령령으로 정하는 토지
⑤ 국가 및 지방자치단체 지원을 위한 특정목적 사업용 토지로써 대통령령으로 정하는 토지
⑥ 에너지자원의 공급 및 방송·통신·교통 등의 기반시설용 토지로써 대통령령으로 정하는 토지
⑦ 국토의 효율적이용을 위한 개발사업용 토지로써 대통령령으로 정하는 토지
⑧ 그 밖에 지역경제의 발전, 공익성의 정도 등을 고려하여 분리과세하여야 할 타당한 이유가 있는 토지로써 대통령령으로 정하는 토지

✔ 공정시장가액비율

재산세 부분에서 잠깐 설명했지만 공정시장가액비율은 납세자의 보유세 부담을 줄이기 위해 만들어진 비율로, 과세표준 산출 시 적용된다. 60~100% 범위에서 대통령령으로 정하며 도입부터 2018년까지 80%의 비율로 적용해왔으나 2019년부터 매년 5%씩 상향하여 2022년 이후에는 100% 적용이 예정되어 있다. 공정시장가액비율이 오르면 공시가격이 상승하지 않더라도 종부세 과세표준이 높아지고 덩달아 세금도 증가하게 된다.

• 시기별 공정시장가액비율

연도	~2018	2019	2020	2021	2022 ~
공정시장가액 비율	80%	85%	90%	95%	100%

✔ 세율

최근 2년간 급격하게 상승한 종합부동산세의 세율은 이전보다 약 1.5~2배가량 상승했다. 이는 다주택자의 주택 보유를 억제하고 주택을 시장에 공급하도록 해 무주택자를 줄이기 위한 정부의 의도가 내포되어 있다. 특히, 보유한 주택 수에 따라서 차등 세율을 적용하고 있으며, '3주택 이상자와 조정대상지역 2주택자'에 대해 중과세율을 적용하니 다주택 보유자에 대한 제재 성격이 강하다고 할 수 있다.

어떠한 세율을 적용할지 판단하려면 과세기준일(매년 6월 1일)에 맞춰 주택 수 및 조정대상지역 지정 여부를 고려해야 한다. 그러므로 집을 구매할 때에는 조정대상지역이 아니었으나 과세기준일 전에 조정대상지역으로 지정됐다면 세율이 변동된다.

과세표준	2주택 이하 (조정대상지역1주택)	3주택 이상 (조정대상지역 2주택)	
	2019년 12월 16일 대책 이후	2019년 12월 16일 대책 이후	현행
3억 원 이하	0.6%	0.8%	1.2%
6억 원 이하	0.8%	1.2%	1.6%
12억 원 이하	1.2%	1.6%	2.2%
50억 원 이하	1.6%	2.0%	3.6%
94억 원 이하	2.2%	3.0%	5.0%
94억 원 초과	3.0%	4.0%	6.0%

예를 들어 1세대 1주택자가 보유한 공시가격이 15억 원인 서울
의 한 아파트의 종합부동산세를 계산해보자. 1세대 1주택자의
경우 공시가격에서 공제금액 11억 원을 차감한 후 공정시장가액
비율 100%를 곱해서 과세표준 4억 원을 계산한다. 그 후 0.8%
의 세율을 곱하고 재산세 중복과세분(이중과세 배제 목적)을
차감하면 결정세액 164만 원이 산출된다. 여기에 추가적으로 가
산되는 농어촌특별세를 가산하면 총 납부세액이 산출된다.

15억 원인 아파트 종합부동산세 산출액

- 과세표준 : [1,500,000,000(주택가격)−1,100,000,000
(공제금액)]×100%(공정시장가액비율)=400,000,000원

- 종합부동산세 : 400,000,000×0.8%(세율)=2,600,000원

- 총 납부액 : 2,600,000-960,000(재산세 중복과세분)
  +328,000(농어촌특별세)=1,968,000원

※ 동일 재산에 대해서 보유세를 2번 과세하게 되면 이중과세 문제가 발생하기 때문에 중복과세가 되는 부분에 대해서는 차감하여 계산하고 있다.

종부세액을 좌우하는 주택 수

종합부동산세는 인별로 소유한 주택 수에 따라 세율이 달라진다. 그래서 자신이 몇 주택자인지 정확하게 알아야 한다. 부부가 공동 명의로 주택을 소유하고 있다면 남편 1채, 아내 1채로 보면서 각자의 주택 수에 포함한다. 그리고 상속받은 공동상속 주택의 경우 지분에 따라 달라진다. 그러나 공동상속 주택의 경우 본인이 소유한 지분율이 20% 이하이면서, 공시가격이 3억 원 이하라면 종합부동산세 과세대상 주택 수에서 제외한다.

- 종합부동산세 주택 수 계산 기준

구분	기준
공동 소유 주택	부부가 공동 명의로 주택을 소유했다면 각자의 주택 수에 포함한다.
공동 상속 주택	지분율 20% 이하이고 3억 원 이하라면 주택 수에 포함되지 않지만 반대라면 주택 수에 포함시킨다.
다가구주택	여러 가구가 살고 있다 하더라도 1채로 주택 수에 포함시킨다.
임대주택	종합부동산세 합산배제 임대주택은 주택 수에서 제외한다.

그러나 상속 주택의 경우 2022년 시행령 개정으로 보완이 이뤄졌다. 상속 주택의 경우 본인의 의지와 상관없이 취득함에도 불구하고 종합부동산세에 큰 영향을 미치다 보니 납세자들의 반발이 상당했다. 2021년까지 상속 주택에 대한 소유지분이 20% 이하이면서 공시가격이 3억 원 이하여야만 종합부동산세 과세 대상 주택 수에서 제외되어, 형제 수가 5인 이상 되는 상속인들에게만 주로 해당되면서 공시가격 기준도 현저히 낮아 현실적이지 않다는 지적이 많았다. 이러한 내용에 따라 2022년 시행령 개정 이후 상속이 개시되는 분부터는 2년 또는 3년간 상속 주택을 종합부동산세 세율 적용시 주택 수에서 제외(단, 과세표준에는 합산)해주기로 세법을 개정했다.

2022년 시행령 개정 부분

- 수도권 ·특별자치시(읍·면 지역 제외), 광역시(군 지역 제외): 2년

- 그 외 지역: 3년

- 시행일 전에 상속이 개시되고 과세기준일 현재 종전 규정에 따른 요건을 충족한 경우 종전 규정(20%, 3억 원) 적용

예를 들어 G 씨는 2022년 3월 아버지가 돌아가시면서 서울에 위치한 주택(공시가격 10억 원)을 동생과 공동으로 50%씩 상속받게 됐다. G 씨는 서울 강남에 공시가격 15억 원의 주택을 보유하고 있는 1세대 1주택자였으나, 해당 상속으로 인하여 1세대 2주택자가 됐고, 예상치 못한 주택 수 증가에 보유세 부담이 상당히 걱정이다. 우선 121페이지의 표를 먼저 살펴보자.

• 2022년 시행령 개정 전후 종합부동산세 차이(개정 확인)

구분	2022년 시행령 개정 이전 G 씨의 종합부동산세 예상액	2022년 시행령 개정 이후 G 씨의 종합부동산세 예상액
주택공시가격 합계액	20억 원	20억 원
공제금액	6억 원	11억 원
과세표준	14억 원	9억 원
세율	3.6%	1.2%
산출세액	2,880만 원	780만 원

※ 세액공제, 재산세 중복분, 농어촌특별세는 고려하지 않음

만약 시행령이 개정되기 이전이라면, G 씨는 2주택자에 대한 종합부동산세를 납부하게 된다. 공제금액은 6억 원밖에 적용받을 수 없으며 세율 또한 조정대상지역 2주택자에 대한 세율을 적용받다 보니 종부세는 3,000만 원 가까이 납부해야 한다.

허나, 시행령 개정을 통해서 상속개시일로부터 2년간 상속 주택을 종합부동산세 주택 수에서 제외하므로 공제금액은 6억 원보다 5억 원 증가한 11억 원을 적용받을 수 있으며 1세대 1주택자에 따른 세율을 적용받으므로 개정 전 대비 4분의 1 수준의 종부세가 산출됐다.

✅ 종합부동산세 합산배제주택

종합부동산세의 경우 각 납세자별로 소유한 주택을 합산하여 세액을 산출하지만 합산 대상에서 제외되는 주택들이 있다. 수많은 종류의 합산배제주택이 있으나 실질적으로 자신에게 해당

되는 주택에 대해서만 선별하여 참고하면 된다.

주택임대사업자의 경우 최근 3~4년간 수차례 개정이 이뤄졌기 때문에 상세 서류 확인 없이 합산배제 대상 여부를 판단하기란 사실상 쉽지 않다. 122페이지와 123페이지의 표에서 알 수 있듯이 시, 군, 구청 및 세무서에 사업자 등록을 하고 단기 또는 장기임대주택으로 등록한 뒤, 임대료 증액 제한 요건, 등록 당시 공시가격 요건 등을 충족한 경우에는 종합부동산세 합산 대상 주택 수에서 배제가 된다. 따라서 해당 요건에 충족이 되는지 여부를 전문세무사 또는 국세청 상담센터를 통해 상세히 확인한 뒤에 종합부동산세 합산배제 신청을 하는 것을 권장한다.

개개인별로 서로 다른 케이스가 존재하고 세법은 상시로 개정되고 있다 보니 납세자별로 합산배제주택에 해당하는지 판단하는 문제가 쉽지 않기 때문이다.

• 합산배제 임대주택

과세표준		합산배제 요건			
		면적(이하)	주택 수(이상)	가액(이하)	기간(이상)
단기	건설임대주택	149㎡	2호	6억 원	5년
	매입임대주택	-	1호	6억 원 (비수도권 3억 원)	5년
장기	장기일반민간 임대주택(건설)	149㎡	2호	9억 원	10년
	장기일반민간 임대주택(매입)	-	1호	6억 원 (비수도권 3억 원)	10년
기타	기존임대주택	국민주택 규모	2호	3억 원	5년
	미임대 민간 건설 임대주택	149㎡	-	9억 원	-
	리츠·펀드 매입 임대주택	149㎡	비수도권 5호	6억 원	10년
	미분양분 매입 임대주택	149㎡	비수도권 5호	3억 원	5년

• 그 외 합산배제주택

주택 종류	합산배제 요건
사원용 주택	종업원에게 무상 혹은 저가로 제공한 주택 (국민주택규모 or 공시가격 3억 원 이하)
기숙사	학생 또는 종업원의 주거에 제공
주택건설업자의 미분양 주택	주택신축판매업자가 소유한 미분양 주택(5년 미경과)
가정어린이집용 주택	시·군·구청 인가, 세무서 고유번호 발급, 5년 이상 운영한 주택
대물변제 주택	시공자가 시행사로부터 대물변제 받은 미분양 주택(5년 미경과)
연구기관의 연구원용 주택	2008년 12월 31일 이후 현재 정부 출연 연구기관이 보유한 연구원용 주택
국가등록문화재 주택	문화재보호법에 따른 국가등록문화재 주택
부동산투자회사 미분양 주택	기업구조조정부동산투자회사가 취득하는 일정 요건의 미분양 주택
신탁업자 미분양 주택	시공자가 채권을 발행하여 조달한 금전을 신탁받은 신탁업자가 취득하는 일정 요건의 미분양 주택
노인복지주택	노인복지주택을 설치한 자가 임대하는 노인복지주택
향교 또는 향교재단 소유 주택 부수토지	향교재산법에 따른 향교 또는 향교재단이 소유한 주택의 부수토지
세일앤리스백 리츠 등이 매입하는 주택	주택도시기금과 한국토지주택공사가 공동으로 출자하여 설립한 부동산 투자회사 등이 매입하는 주택
토지임대부 분양주택	주택법에 따른 토지임대부 분양주택의 부속토지

위와 같은 합산배제 적용 대상 주택을 보유한 사람들이 합산배제를 적용받으려면 매년 9월 16일부터 9월 30일까지 합산배제 신고서를 관할세무서에 제출하면 주택 수에서 제외하니 이를 놓치지 말아야 한다.

해당 주택에 대해서 이미 신청서를 제출했다면 매년 계속하여 적용되니 재차 신고할 필요는 없으나, 해당 대상임에도 신청서를 제출하지 않는 경우에는 합산배제 대상에서 제외되므로 아래의 서식을 꼭 작성하여 첨부서류와 함께 제출해야 한다.

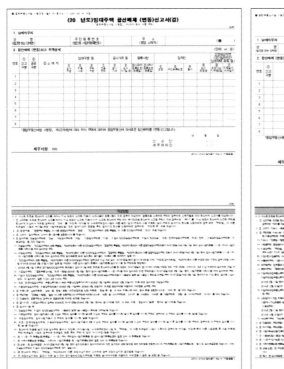
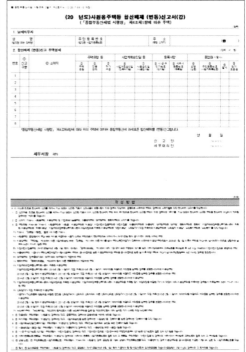

합산배제 신고서 양식
(해당 서식은 국세청 홈택스, 국세법령정보시스템 홈페이지에서 다운로드가 가능하다.)

---

① 종합부동산세 합산배제 신청 기한을 놓쳤을 경우 대처법

종합부동산세 합산배제 신청 기간(매년 9월 16일부터 9월 30일)을 놓쳤다고 너무 낙심하지 말자. 실무적으로는 12월에 종합부동산세 고지서를 받고 나서 해당 사실을 인지하더라도 세무서에서는 신청을 받아주고 있다. 우선 거주지 관할 담당 조사관과 통화를 한 후에 서류를 제출하는 것을 권장한다. 처리가 되면 세액이 변동된 고지서를 통해 세금을 납부하면 된다.

② 합산배제 대상 주택을 보유하고 있으나, 신청하지 못하여 수년간 종합부동산세를 과다 납부해온 경우 해당 세금을 돌려받을 수 있을까?

상당히 많은 납세자들이 합산배제 대상 주택을 보유하고 있음에도 불구하고, 합산배제 신청을 하지 않아 종합부동산세를 과다 납부하는 경우를 현장에서 종종 보게 된다. 이러한 경우 합산배제 신청서를 제출하여 과거분 세액까지 소급하여 모두 돌려받을 수 있으니 반드시 확인하도록 하자.

03

똑똑하게 보유세
감면받아 볼까?

재산세
감면받을 수 있다

임대하는 주택의 경우 주택임대사업자로 등록을 하면 2024년 12월 31일까지 주택분 재산세를 감면받을 수 있다. 임대사업자 유형, 의무임대호수, 공시가격, 면적에 따라 감면율이 상이하기 때문에 구체적인 요건은 127페이지의 표를 보고 참고하자. 최근 주택 부분에서 세제 개정으로 인해 변동된 사항들이 있으니 이 부분 놓치지 않도록 한다.

　이와는 별도로 재산세 감면 혜택을 받은 이후 임대사업자를 임의로 말소하거나 임대 의무 기간 내에 매각하고 증여하는 경우에는 그 감면 사유 소멸일부터 소급하여 5년 이내에 감면된 재산세를 추징하니, 주의하도록 하자.

• 임대사업 감면 요건과 감면율

구분		감면 요건			감면율
		주택 수 (이상)	공시가격 (이하)	면적 (이하)	
임대 사업자	공동 주택	2호	6억 원 (3억 원)	40㎡	100%
				60㎡	50%
				85㎡	25%
	오피 스텔	2호	4억 원 (2억 원)	60㎡	50%
				85㎡	25%
장기일반 민간 임대주택	공동 주택	2호	6억 원 (3억 원)	40㎡	100%
				60㎡	50%
				35㎡	25%
	오피 스텔	2호	4억 원 (2억 원)	40㎡	100%
				60㎡	50%
				85㎡	25%
	다가구 주택	2호	6억 원 (3억 원)	40㎡	100%

종부세 감면받을 수 있다

1세대 1주택자의 경우 투기 목적이 없다고 보기 때문에 종합부동산세를 경감해주기 위해 여러 제도를 마련해놓고 있다. 대표적인 감면이 고령자 세액공제와 장기보유 세액공제다. 최근 들어 부동산 가격이 급등하면서 1세대 1주택자도 종합부동산세 부담이 커지는 경우가 많아지고 있으니 공제율에 대한 이해가 필요하다.

⊘ 고령자 세액공제

만 60세 이상 고령자의 경우 일정 비율에 대해 종합부동산세를 공제해준다. 부부 중 만 60세가 넘은 분이 있다면 공동 명의보다 부부 중 고령자를 주택 소유자로 선택하는 편이 감면율이 높을 수 있다. 만 60세에서 64세까지는 20%, 만 65세에서 69세까지는 30%, 만 70세 이상은 40%를 공제받을 수 있다.

• 고령자 세액공제

연령	공제율
만 60~64세	20%
만 65~69세	30%
만 70세 이상	40%

✅ 장기보유 세액공제

고령자가 아니라도 1주택에 대해 오랜 기간 보유해왔다면 보유 기간에 따라 차등 비율을 적용하여 종합부동산세를 공제해준다. 5년 이상 10년 미만은 20%, 10년 이상 15년 미만은 40%, 15년 이상은 50% 세금을 공제받을 수 있다.

• 장기보유 세액공제

보유 기간	공제율
5년 이상 10년 미만	20%
10년 이상 15년 미만	40%
15년 이상	50%

✅ 중복 적용이 가능하나 80%까지만

고령자 세액공제와 장기보유 세액공제 둘 다 해당되는 경우 중복 적용이 가능하나, 세액공제에 대한 한도를 적용하고 있다. 만

70세 이상이며 보유 기간이 15년 이상인 경우, 공제율 90%까지 적용할 수 있다고 생각하나 합산 공제 한도치인 최대 80%(2020년의 경우 70%)까지 적용된다.

예를 들어, 종합부동산세 산출세액이 1,000만 원이라는 금액이 나왔다면 세액공제는 최대 80%인 800만 원까지 가능하기 때문에 나머지 금액인 200만 원을 납부해야 한다.

무리한 과세를 막아주는 세부담상한 제도

부동산 공시가격이 상승하면 보유세도 덩달아 올라간다. 그래서 정부는 과다한 보유세 부담을 막고자 세부담상한 제도를 만들었다. 직전 연도 보유세액에 세부담상한 비율을 적용하여 해당 금액을 넘어서는 해당 연도 보유세액은 과세하지 않는 것인데 재산세와 종합부동산세의 적용 방법이 다르다.

✅ 재산세

재산세의 경우 직전 연도 재산세 상당액에 주택가액에 따른 차등 비율인 105~130%의 세부담상한 비율을 곱해서 해당 연도 재산세액과 비교하여 낮은 세액을 부과한다.

• 주택공시가격에 따른 세부담상한 비율

주택공시가격 구분	세부담상한 비율
3억 원 이하	105%
3억 원 초과~6억 원 이하	110%
6억 원 초과	130%

✅ 종합부동산세

종합부동산세의 경우 재산세와 종합부동산세를 합한 총 보유
세액을 기준으로 적용한다.

$$(직전 연도 재산세+종합부동산세) × 세부담상한 비율$$

• 주택 수에 따른 세부담상한 비율

일반적인 경우	3주택 이상자 및 조정대상지역 2주택자
150%	300%

**재산세와
중복분이 있으면
종합부동산세에서
차감**

재산세보다 뒤늦게 도입된 종합부동산세의 경우 보유세 특성상
재산세와 중복하여 과세되는 부분이 있다. 그래서 도입 초기부
터 재산세로 부과된 세액의 경우 종합부동산세에서 공제해왔다.

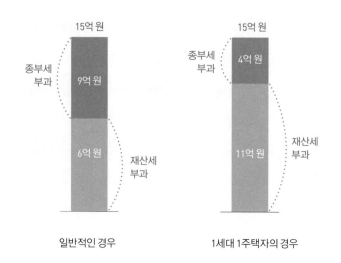

일반적인 경우   1세대 1주택자의 경우

130페이지 하단 그림을 살펴보면 공시가격 15억 원의 주택에서 재산세가 부과되는 부분은 전체인 데 반해, 종합부동산세는 공제금액 6억 원(11억 원)을 제외한 부분에 대해서만 과세가 된다. 그렇다 보니 중복과세가 되는 부분이 명확히 드러난다. 따라서 아래와 같은 산식에 따라 전체 재산세가 과세되는 공시가격 중 종합부동산세가 부과되는 비율만큼은 재산세 중복분으로 종합부동산세 계산시 공제하도록 되어 있어 중복과세를 다소 완화했다.

중복과세분 재산세액 계산 방식

$$\text{공제할 재산세액} = \text{재산세 부과세액} \times \frac{\text{종부세 과세표준 금액에 대한 재산세 상당액}}{\text{주택에 대한 재산세 상당액}}$$

04

똑똑하게
보유세 줄여볼까? ①

보유세는 6월 1일
기준으로 확 달라진다

보유세의 과세기준일은 매년 6월 1일이다. 이날이 과세 기점이
므로 6월 1일 전후로 해당 연도 보유세 과세 여부가 결정된다.
따라서 팔 때는 6월 1일 이전까지, 살 때는 6월 2일부터 하는 것
이 좋다.

　예를 들어 서울에 주택을 2채 소유하고 있는데 A주택의 경
우 주택공시가격이 15억 원, B주택의 경우 주택공시가격이 5억

A주택
주택공시가격 15억 원

B주택
주택공시가격 5억 원

원이다. 이때 B주택을 과세기준일 전후로 양도한 경우 재산세를 비교해보자.

B주택을 6월 1일 이전에 양도했다면 주택가격 15억 원에 공정시장가액 비율 60%를 곱한 뒤에 세율 0.4%를 곱하면 약 482만 원이 나온다. 하지만 6월 1일 이후 양도했다면 주택가격이 15억 원, 5억 원으로 합계 20억 원이 되므로 재산세는 110만 4,000원이 더해진 592만 8,000원이 부과된다. 양도 시점 차이로 인해 약 110만 원이 더 부과된 것이다.

구분	과세기준일 전 양도	과세기준일 후 양도	
주택가격	15억 원 (A주택)	15억 원 (A주택)	5억 원 (B주택)
공정시장가액비율	60%	60%	60%
세율	0.4%	0.4%	0.14%
재산세액 (도시지역분, 지방교육세 포함)	4,824,000원	4,824,000원	1,104,000원

그렇다면 종합부동산세는 얼마나 달라지는지 살펴보자. B주택을 6월 1일 이전에 양도했다면 주택공시가격 합계액이 15억 원에 공정시장가액비율 100%(2022년)를 곱한 뒤에 공제액 11억 원(1세대 1주택자)을 차감하고 과세표준인 4억 원에 세율 0.8%를 곱하면 260만 원이 나온다. 하지만 6월 1일 이후 양도했다면 주택공시가격 합계액이 20억 원으로 공제액이 6억 원, 과세표준이 14억 원, 중과세율 3.6%가 적용되어 2,880만 원이

● 과세기준일로 비교해보는
종합부동산세

구분	과세기준일 전 양도	과세기준일 후 양도
주택가격	15억 원 (A주택)	20억 원 (A주택+B주택)
공정시장가액비율 (2022년)	100%	100%
공제액	11억 원 (1세대 1주택자)	6억 원
과세표준	4억 원	14억 원
세율	0.8%(일반세율)	3.6%(중과세율)
종합부동산세액 (재산세중복분, 농특세 생략)	2,600,000원	28,800,000원

된다. 세금이 약 11배가 상승한 것이다.

위의 사례를 통해 알아보았듯, 재산세는 약 110만 원, 종합부동산세는 약 2,600만 원의 차이가 발생하기 때문에 양도 시기에 따라 보유세 부담 차이가 크다. 과세기준일 전후 양도가 중요한 만큼 주택을 사고팔 예정이라면 양도 시기를 고려해보고 양도 계획을 작성하는 것이 좋다.

과세기준일 전후로 부동산을 이전하는 케이스의 경우 1세대 1주택자라면 보유세 부과 여부의 차이가 크지는 않을지 모르나 다주택자라면 보유세 부담이 웬만한 1년치 월세는 상회하기 때문에 반드시 고려할 사항이다.

양도 날짜는 6월 1일 이전으로

부동산을 양도했는데도 당해 연도 재산세, 종합부동산세 고지서에 해당 부동산 명세가 적혀 있는 것을 보고 당혹스러워하는 납세자 분들을 보곤 한다.

재산세 과세기준일은 매년 6월 1일이다. 6월 1일 부동산을 소유한 자가 당해 연도 재산세와 종합부동산세를 모두 부담한다.

그리고 부동산 양도일은 잔금일과 소유권 이전등기 접수일 중 빠른 날이다. 따라서 양도 시기가 과세기준일 이후인 경우 불가피하게 매도자에게 보유세가 부과될 수 있으므로, 부동산 매매계약시 양도일에 대한 부분을 명확히 하도록 하자.

05

똑똑하게
보유세 줄여볼까? ②

**상황에 맞춰
명의를 분산**

보유세를 줄이기 위해선 명의를 분산하는 전략이 꽤 유용하다. 하지만 재산세의 경우 명칭 그대로 재산에 부과되는 세금이기 때문에 명의 분산 여부에 영향을 받지 않는다. 즉, 단독 명의와 부부 공동 명의인 경우의 재산세 합계가 동일하다.

예를 들어, 재산세가 200만 원이 부과된 경우 단독 명의라면 명의자 본인에게 200만 원이 한꺼번에 고지가 되며, 부부 공동 명의로 보유하고 있는 경우라면 각각 100만 원씩 고지가 된다. 결론적으로 납부해야 하는 재산세 총액은 동일하다.

하지만 종합부동산세는 다르다. 종합부동산세는 명의가 분산돼야 세금 혜택이 높다. 종부세는 인별 과세 방식을 취하고 있으므로 재산세와는 다소 차이가 있는 세목이다. 도입시에는 가구별 합산과세 방식을 고수했으나 추후 인별 합산과세로 전환됐다.

현재는 본인이 소유한 주택공시가격 합계에서 6억 원 (1세대 1주택자는 11억 원)을 공제하여 종합부동산세 과세 유무를 판단한다. 1주택을 한 명이 소유하고 있으면 6억 원을 공제하고, 1주택을 두 명이 공동 소유하고 있는 경우에는 각 6억 원씩 총 12

억 원을 공제받는다.

예를 들어보자. 어느 노부부의 경우, 1세대 1주택자로 강남에 공시가격 15억 원의 주택에서 15년간 실거주를 하면서 보유세를 납부하고 있다. 이때 단독 명의로 가지고 있는 경우와 공동 명의로 가지고 있는 경우 공제액에서 1억 원의 차이가 난다.

단독 명의라면 공시가격 15억 원에서 공제액 11억 원을 뺀 나머지 4억 원으로 장기보유와 고령자 세액공제를 합치면 최대 80%까지 세액이 공제된다. 이를 공식으로 표현하면 아래와 같다.

단독 명의 종합부동산세 공식

종합부동산세액 : (15억 원 – 11억 원) × 0.8%(일반세율)

반면 공동 명의의 경우 15억 원에서 12억 원을 공제하기 때문에 3억 원을 인별로 50%씩 나눠 종합부동산세를 부담하게 된다. 다시 말해, 각자 과세표준 1억 5,000만 원에 대해서 종합부동산세를 부담하게 되는 것이며, 세율도 단독 명의에 비하여 낮은 세율을 적용받게 된다. 다만, 공동 명의의 경우에는 단독 명의와 달리 장기보유 세액공제와 고령자 세액공제가 적용되지 않는다.

따라서, 1세대 1주택자로서 11억 원을 초과하는 4억 원에 대

공동 명의 종합부동산세 공식

종합부동산세액 :
(7억 5,000만 원 – 6억 원) × 0.6%(일반세율) – 남편
(7억 5,000만 원 – 6억 원) × 0.6%(일반세율) – 아내

해서 세액공제를 적용한 종합부동산세를 적용받을지, 공동 명의자로서 12억 원을 초과하는 3억 원에 대해서 종합부동산세를 적용받을지는 납부 대상자가 현명하게 선택하기를 바란다.

공동 명의로 구입하고 상황에 맞는 과세 방법을 선택하는 것이 유익

동일한 1주택자임에도 불구하고 단독 명의 또는 공동 명의의 차이로 인해 세 부담이 현저히 달라지다 보니, 이것이 불합리하다는 의견이 지배적이었다. 부부가 1주택을 공동으로 보유한 경우와 부부 중 한 사람이 1주택을 보유한 경우에 따라 차등이 있다면 실질적인 차이는 없는데 과세상 차이가 있다는 점이 너무 불합리한 측면이 있긴 하다.

일반적으로 집을 구매할 때, 각자의 공시가격 합계액을 바탕으로 어떤 방법이 절세가 될 것인지 꼼꼼하게 따져본다는 것은 말이 안 되며, 이미 취득을 한 이후에 부동산 명의를 변경하는 것은 증여세, 취득세 등의 추가적인 세 부담이 발생하기 때문에 절대로 쉽지 않다.

이러한 의견에 따라 과세관청은 2021년 과세되는 종합부동산세부터 부부 공동 명의인 1세대 1주택자의 경우 단독 명의 방식으로 과세할지 공동 명의 방식으로 과세할지 직접 선택할 수 있도록 제도를 보완했다. 따라서 1세대 1주택자로서 주택을 구입하게 된다면 부부 공동 명의로 구입하고 상황에 맞게 종합부동산세 과세 방법을 선택하는 것이 유익할 수도 있다.

부부 공동 명의 1주택자 과세특례 신청 기간은 종합부동산세 합산배제 신청 기간과 동일하게 9월 16일부터 9월 30일까지로 하고 있다. 신청 방법도 마찬가지로 인근 세무서에 방문하여 신청하거나 홈택스를 통해 비대면으로 신청할 수 있다.

홈택스에서 간단하게 과세특례 신청하기

부부 공동 명의 1주택자 과세특례 신청은 홈택스에서 할 수 있다. 홈택스에 공인인증서를 통해 로그인 후 '신고/납부'의 종합부동산세를 선택한다. 해당 화면에서 '부부공동명의특례신청'을 클릭하면 관련 서류를 제출할 수 있다.

Q1 주택 건물과 주택 부수토지의 명의가 다를 경우 주택 부수토지도 재산세 과세대상인가요?

A1 주택의 부수토지만 보유하고 있는 경우에도 재산을 보유하고 있는 경우에 해당하므로, 그에 따라 재산세 과세대상이 되며, 재산세가 고지됩니다.

Q2 1세대 1주택자로서 부부가 공동 명의로 소유하고 있는데 1세대 1주택 특례가 적용될 수 있나요?

A2 2020년까지 1세대 1주택자로서 부부가 공동 소유하는 경우에도 1세대 1주택 특례가 적용되지 않았습니다. 그러나 개정된 종합부동산세법 시행령에 따라서 2021년부터는 따로 신청하면 특례를 적용받을 수 있습니다. 아래의 신청서를 작성하여 관할 세무서에 제출하면 1세대 1주택 특례를 적용받을 수 있으며 혼인관계증명서를 첨부해야 합니다.

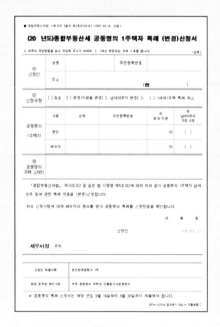

해당 서식은 국세청 홈택스, 국세법령정보시스템 홈페이지에서 다운로드가 가능하다.

Q3 종합부동산세에서 공제하는 재산세액이 실제 납부하는 재산세액보다 적은 이유는 뭘까요?

A3 재산세액이 아닌 공시가격 비율에 따른 재산세 상당액을 공제하므로 다소 차이가 있을 수 있습니다. 또한 도시지역분, 지역자원시설세, 지방교육세는 제외하기 때문에 차이는 납세자의 생각보다 클 수 있습니다.

Q4 종합부동산세 고지서를 받았는데, 세액에 오류가 있는 것 같습니다. 올바른 금액으로 제가 직접 신고할 수 있나요?

A4 네. 할 수 있습니다. 고지서상 세액에 오류가 있는 경우에는 납세자 본인이 직접 올바른 내용으로 신고하고, 납부할 수 있습니다. 다만, 그 신고 내용에 오류가 있는 경우에는 가산세 등의 처분이 따를 수 있으니 주의하셔야 합니다.

Q5 종합부동산세 합산배제 신고 후 요건을 충족하지 못하게 되면 어떻게 되나요?

A5 주택임대사업자의 임대주택을 의무 임대 기간 내 양도하거나 의무를 지키지 않아 합산배제 요건을 충족하지 못하게 되는 경우에는 합산배제로 인하여 경감을 받았던 세액과 그 이자상당액을 추징합니다.

아는 만큼 보이는
세테크 4단계
-
종합소득세 편

01

소득이 있는 곳에
세금이 있다

**모든 소득을
합산하여 신고하는
종합소득세**

코로나 팬데믹으로 인해 수많은 자영업자들이 직격탄을 맞았다. 사회적 거리두기와 영업시간 단축으로 손님을 잃게 되면서 임대료를 감당하지 못해 폐업을 결정하는 자영업자들이 줄을 이었다. 우스갯소리로 어떤 불경기라도 건물주는 돈을 번다는 말이 돌고 있을 정도로 양극화가 심화되고 있다.

참고로 개인이 얻을 수 있는 소득의 종류에는 무엇이 있을까? 사업을 해서 얻는 사업소득(주택, 건물, 토지 등을 빌려주고 얻는 임대소득 포함), 근로를 통해 얻는 근로소득, 돈을 빌려주거나 투자해서 얻는 금융소득(이자, 배당), 연금소득, 이외 기타소득이 있다. 이 중 금융소득, 사업소득, 근로소득, 연금소득, 기타소득은 한 해 동안 번 돈을 모두 합산하여 과세한다. 합산해서 과세한다고 하여 종합소득세라고 하며, 누진세율 구조로 되어 있어 소득의 종류가 많고 규모가 클 경우 세금도 올라간다.

임대사업을 통해 발생하는 주택임대소득이란 주택을 임대함으로써 발생하는 사업소득으로, 주택임대수입에서 각종 경비 등을 차감한 후의 금액을 말한다. 사업소득이기 때문에 다른 소득(사업·근로·연금·기타·이자·배당 등)이 있는 경우 합산하여 종합소득세 신고를 해야 한다.

종합소득세는 1년 동안 경제활동을 통해 개인이 얻은 이자소득, 배당소득, 사업소득, 근로소득, 연금소득, 기타소득을 합산해 자진신고하고 납부해야 한다. 직장인은 연말정산을 통해 회사에서 소득세 신고를 하지만 그 외의 소득이 있는 분들은 직접 종합소득세를 신고하고 납부해야 한다.

특히 직장인이 근로소득 외에 다른 소득이 있다면 모든 소득을 합산해 5월에 종합소득세 신고를 해야 하는데, 이런 불편을 완화하기 위해 일정 금액의 소득에 대해서는 합산하지 않고 별도로 세금을 물린다. 이를 분리과세라고 한다.

분리과세되는 소득▪은 연 2,000만 원 이하의 이자나 배당소득, 연 2,000만 원 이하의 주택임대소득, 일용직근로소득, 연 1,200만 원 이하의 연금소득, 연 300만 원 이하의 기타소득 등이 있으니 참고로 알아두자.

▪ 분리과세가 되는 소득의 종류
① 연 2,000만 원 이하의 이자, 배당소득
② 연 2,000만 원 이하의 주택임대소득
③ 일용직근로소득
④ 연 1,200만 원 이하의 연금소득
⑤ 연 300만 원 이하의 기타소득

2020년부터 과세대상이 된 주택임대소득

그렇다면 본격적으로 주택과 관련된 주택임대소득에 대해 알아보자. 이것은 주택임대사업을 통해 얻은 소득을 말하는데, 주택임대소득에 대한 과세는 서민의 주거생활 안정과 직결되기 때문에 잦은 정책 변화가 있었다.

특히 눈여겨볼 부분은 주택임대소득은 부가가치세가 면제된다는 점이다. 주택의 임대는 서민의 생활 필수적 용역이고, 저소득층의 경우 가계 지출에서 상대적으로 주거 관련 비용이 크다. 만약 주택의 임대에 대해서 부가가치세를 과세하게 된다면 그에 대한 부담은 고스란히 세입자에게 흘러 들어갈 테니 소득재

분배 차원에서 면세하고 있다.

나임대 씨는 주택임대인으로서 세입자들에게 월 150만 원씩 월세를 받고 있다. 최근 뉴스를 보던 중 앞으로는 주택을 임대하는 경우 연간 2,000만 원 이하의 임대소득액에 대해서도 소득세가 부과된다는 이야기를 듣게 됐다. 지금까지는 주택 임대는 세금이 부과되지 않는 것으로 알고 있었는데 세금을 내야 한다는 이야기를 듣고 긴급하게 세무사에게 조언을 구했다.

2019년 세법이 개정되면서 2020년부터 연간 2,000만 원 이하의 임대소득에도 세금을 부과한다. 이 외에도 간주임대료(전세보증금에 대한 소득)가 과세되지 않는 소형주택의 기준도 당초 전용면적 60㎡ 이하이면서 기준 시가 3억 원 이하인 주택이었으나, 전용면적 40㎡ 이하이면서 기준 시가 2억 원 이하인 주택으로 요건이 강화됐다.

앞으로는 임대수입이 발생하는 경우 주택임대사업자로 세무서에 등록해야 하며(사업자 등록은 선택사항이 아님에 유의) 매년 5월 종합소득세 신고 의무가 있으며, 해당 소득세와 별도로 건강보험료가 부과 또는 증액될 수 있다는 점을 반드시 인지해야 한다.

주택임대수입을 구성하는 요소는 월세, 간주임대료, 관리비가 있다. 가령 1년에 월세로 3,000만 원의 주택임대수입이 있고, 필요경비로 1,000만 원을 썼다면 수입금액에서 필요경비를 뺀 금액이 임대소득이므로 주택임대소득은 2,000만 원이 된다.

한편 2018년까지 주택임대수입은 비과세가 돼서 사업자 등록은 물론 소득을 신고할 필요도 없고, 과세대상에 포함되지도 않았다. 하지만 2020년부터는 연 2,000만 원 이하의 주택임대수입에도 소득세 과세가 이뤄진다. 따라서 2020년에 주택임대수입이 있었다면 2021년 5월에 종합소득세 신고를 해야 한다.

● 주택임대수입의 소득세율

주택임대수입	2018년까지	2019년 이후
2,000만 원 이하	비과세	분리과세 14% (종합과세 선택 가능)
2,000만 원 초과	종합과세(누진세율)	

※ 2,000만 원 이하 임대수입금액에 대해서는 세율을 고려하여 유리한 방향으로 분리과세 또는 종합과세 선택이 가능하다.

✅ 월세

월세는 임대차계약서상 월 차임료인데 주택임대소득은 부가가치세(10%)가 과세되지 않는 면세 용역이기 때문에 월 차임료 자체가 곧 수입금액이 된다.

예를 들어 1월 1일에 체결한 임대차계약서상 월세가 100만 원인 경우 연간 주택임대수입은 1,200만 원이다. 종합소득세는 과세기간 1월 1일부터 12월 31일까지를 과세 단위로 하여 계산한다.

✅ 간주임대료

월세가 아닌 전세보증금에 대해서도 부가적으로 발생하는 금액을 소득으로 보아 소득세를 과세하는데, 이를 간주임대료라고 한다. 임대보증금을 금융기관에 예치하면 최소한 정기예금 이자율만큼의 소득이 발생하므로, 이에 상당하는 금액만큼의 소득에 대해 세금을 매기는 개념으로 이해하는 것이 좋다.

간주임대료는 보유 주택 수가 3채 이상이면서 보증금 합계가 3억 원 이상인 경우에만 과세하는데, 소형주택(전용면적 40㎡

이하이면서 기준 시가 2억 원 이하인 주택)이 있는 경우에는 주택 수를 판단할 때 제외된다.

예를 들어 부부가 주택 3채를 보유하고 있는 경우, 3채 중 1채가 소형주택에 해당한다면 간주임대료 과세대상 주택 수는 2채이므로 간주임대료는 과세하지 않는다. 따라서 해당 사례에서는 월세 수입에 대해서만 소득세 과세가 이뤄진다.

✅ 관리비

월세 이외에 관리비 등의 명목으로 지급받는 금액이 있는 경우 이는 주택임대수입에 포함한다. 주로 청소비와 주차비 등이 이에 해당하며 공공요금인 전기, 수도, 도시가스 요금의 경우에는 부과금액을 초과하여 받는 경우 그 초과하는 부분에 한하여 소득에 포함한다.

내 집이 과세대상이 되는지 먼저 판단

주택임대를 한다고 해서 무조건 소득세가 과세되는 것이 아니라 일정한 조건(규모와 금액)에 해당해야 임대소득에 대해 세금을 매긴다. 따라서 소유하고 있는 주택의 임대소득이 과세대상인지 여부를 먼저 판단하는 것이 중요하다.

✅ 주택 수 계산

부동산 세금에서 주택 수는 과세대상 여부가 달라지기 때문에 굉장히 중요하다. 주택 수에 따라 월세와 간주임대료에서 과세가 되는 사업자인지 파악할 수 있으며, 종합소득세 신고 납부 의무가 발생하는지 확인할 수 있기 때문이다.

참고로 취득세, 종합부동산세, 양도소득세 등을 계산할 때 산정하는 주택 수 기준과는 차이가 있으니 이 부분은 명확하게 구분하는 것이 좋다.

우선 첫 번째로 다가구주택은 연면적의 합계가 660㎡ 이하이며, 주택으로 쓰이는 충수가 3개 충 이하이고, 19세대 이하인 주택을 말한다. 여기서 다가구주택은 주택 수를 계산할 때 각 호실이 아닌 건물 자체를 1개의 주택으로 본다.

예를 들어 구분등기■ 되지 않은 1채의 다가구주택을 임대하는 경우 주택임대소득 계산시 1주택으로 보아 소득세를 계산하게 된다. 따라서 기준 시가 9억 원 이하의 다가구주택 1채만 임대하는 경우 소득세로 과세되는 금액은 없다.

두 번째로 다세대주택은 공동주택의 일종으로 1개동당 연면적이 660㎡ 이하이고, 4층 이하인 주택을 말한다. 다세대주택은 다가구주택과는 달리 모든 호실이 구분등기 되어 있기 때문에 각 호실을 1주택으로 본다.

예를 들어 20세대가 있는 다세대주택을 임대하는 경우 모든 호수가 보유 주택 수에 포함이 되기 때문에 해당 경우 20개의 주택을 보유한 것으로 보아 소득세를 계산하게 된다.

세 번째로 공동소유주택은 지분이 가장 큰 자의 소유주택으로 판단한다. 지분이 가장 큰 자가 2인 이상(예를 들어 5대 5 공동 명의)이라면 각각 소유한 것으로 판단하지만 합의하에 1인 소유의 주택으로 분류할 수 있으므로 세액을 비교하여 유리한 방향으로 선택하는 것이 좋다.

네 번째로 부부가 소유한 주택은 합산하여 계산한다. 남편과 아내가 각각 1개의 주택을 보유한 경우 2주택으로 계산하며 1주택을 공동 명의로 보유한 경우에는 1주택으로 본다.

종합소득세에서 주택 수를 계산할 때 양도소득세와 취득세

■ 한동의 건물에서 독립된 세대를 나누고 해당 부분을 양도하거나 임대하기 위하여 세대에 따라 등기하는 것을 말한다.

등과는 다소 차이가 있는데 같은 세대 내에 다른 구성원(자녀 등)이 주택을 보유하고 있더라도 세대원은 제외하고 부부의 주택 수만 합산한다는 점이 특징이다.

보유 주택 수에 따른 과세 방법

2018년까지만 해도 주택임대수입이 연 2,000만 원 이하라면 소득세 전액 비과세가 됐다. 하지만 2019년 세법이 개정되면서 주택임대소득에 대한 과세 요건이 바뀌었다. 그리고 보유 주택 수에 따라 과세 요건이 달라졌기 때문에 이를 필수적으로 확인해야 한다.

✅ 1주택자

1주택자의 경우에는 월세와 간주임대료 모두 비과세 대상이다. 다만, 해당 주택이 국외에 있거나 고가주택(기준 시가 9억 원 초과)인 경우에는 월세 수입에 대해서 소득세가 과세된다. 이때 기준 시가 9억 원 초과 여부를 판단하는 기준일은 과세기간 종료일인 12월 31일이므로 참고하자.

한편 다가구주택을 보유한 1주택자의 경우 해당 주택의 기준 시가가 9억 원에 미달하는 경우에는 발생하는 모든 월세 수입에 대해서 과세가 되지 않기 때문에 소득세 부과 측면에서 상당히 큰 이점이 있다. 과세 소득의 유무는 피부양자 자격 및 건강보험료 산정에도 영향을 미치기 때문에 매우 중요하다고 할 수 있다.

✅ 2주택자

2주택자의 경우 보유하는 주택의 기준 시가에 관계없이 발생하는 모든 월세 수입에 대해서 과세가 된다. 예를 들어 주택을 1채씩 소유한 남녀가 결혼을 하게 되면 2주택자가 되기 때문에 모든 월세 수입에 대해서는 소득세 과세가 된다는 점을 참고하자.

다만, 이 경우에도 주택 수가 3채 미만이기 때문에 보증금에 대한 간주임대료는 과세가 되지 않는다. 가령 부부가 소유한 2채 모두 전세로 임대를 하고 있다면 이 경우 소득세로 과세되는 금액은 없다.

✅ 3주택자 이상

3주택 이상 보유한 경우 월세뿐만 아니라 간주임대료에 대해서도 과세가 이뤄진다. 간주임대료 계산 방식은 아래와 같다.

$$(보증금 합계액 - 3억 원) \times 60\% \times 1.2\%(정기예금이자율)^{■}$$

■
2022년 현재 정기예금이자율은 1.2%이다(2020년 1.8%). 연도에 따라 이자율이 변동된다.

■■
전용면적 40㎡ 이하이면서 기준 시가 2억 원 이하인 주택

따라서 보증금 합계액이 3억 원에 미달하는 경우라면 간주임대료를 계산할 필요가 없으며, 소형주택[■■]의 경우에는 간주임대료 계산 대상 주택 수에서 제외되기 때문에 2가지 사항을 먼저 체크한 뒤에 간주임대료를 계산한다.

• 주택 수에 따른 주택임대소득 과세 요건

과세 요건 [보유 주택 수(부부 합산) 기준]		
주택 수	월세	보증금 등
1주택	비과세 * 기준 시가 9억 원 초과 주택, 국외 소재 주택은 1주택자도 과세대상	간주임대료 과세 제외
2주택	과세	
3주택 이상		간주임대료 과세 * 소형주택(주거 전용면적 40㎡ 이하이면서 기준 시가 2억 원 이하)은 간주임대료 과세 제외

사례를 통해 비교해보자.

─────────── CASE A ───────────

나삼채 씨는 아파트 2채, 다가구주택 1채를 보유하고
있다. 그리고 임대주택의 보증금 합계액이 3억 원을 초과
한다. 다만 A아파트의 경우 40㎡ 이하의 소형 아파트로,
기준 시가 2억 원 이하의 주택이다. 이 경우 나삼채 씨에게
부과되는 종합소득세는 얼마일까?

• 나삼채 씨의 주택 보유 현황

구분	종류	소재지	면적	월세	보증금	기준 시가
A	아파트	일산시 덕양구	28㎡	30만 원	1억 원	1억 4,000만 원
B	아파트	성남시 분당구	84㎡	50만 원	2억 원	6억 8,000만 원
C	다가구주택	서울시 용산구	430㎡	220만 원	9억 원	5억 2,000만 원

나삼채 씨의 경우 보유 주택 중 1채(A아파트)가 40㎡ 이하이면서 기준 시가 2억 원 이하의 소형주택에 해당하므로 간주임대료 과세대상이 되지 않는다. 따라서 나삼채 씨의 간주임대료 대상 주택 수는 2채(B, C)이기 때문에 임대보증금에 대한 과세는 이뤄지지 않는다.

이 경우 연간 임대수입금액은 월세로만 구성되며, 금액은 총 3,600만 원으로 종합과세가 이뤄진다. 발생한 필요경비를 600만 원으로 가정할 경우 임대소득금액은 3,000만 원이며 지방자치단체에 임대사업자 등록을 하지 않았기 때문에 별도로 감면되는 금액은 없다. 결론적으로 나삼채 씨가 임대소득에 대한 종합소득세로 납부해야 하는 금액은 총 343만 2,000원이 된다.

나삼채 씨의 종합소득세 계산

- 종합소득금액 : 36,000,000(주택임대수입)
  -6,000,000(필요경비)=30,000,000원
- 과세표준 : 30,000,000-2,000,000(기본공제)=28,000,000원
- 소득세 : 28,000,000×15%-1,080,000=3,120,000원
- 지방소득세 : 3,120,000×10%=312,000원
- 총 납부액 : 3,432,000원

※ 임대 등록은 하지 않았고, 다른 소득을 없다고 가정한다.
※ 과세표준 1,200~4,600만 원에 대한 누진세율 15%(175페이지 참조)

또 다른 사례를 보자. 차이점은 A아파트의 소형주택 여부가 임대소득금액과 종합소득세에 미치는 영향이다.

• 유삼채 씨의 주택 보유 현황

구분	종류	소재지	면적	월세	보증금	기준 시가
A	아파트	서울시 송파구	58㎡	30만 원	1억 원	5억 5,000만 원
B	아파트	성남시 분당구	84㎡	50만 원	2억 원	6억 8,000만 원
C	다가구주택	서울시 용산구	430㎡	220만 원	9억 원	5억 2,000만 원

※ 월세와 보증금 합계액은 나삼채 씨의 조건과 동일하다고 가정한다.

유삼채 씨의 경우 소형주택에 해당하는 주택이 없기 때문에
3채 모두 간주임대료에서 과세대상이 된다. 따라서 이 경우 월세
와 보증금에 대해서 소득세 과세가 이뤄진다. 월세 수입금액은
'CASE A'와 동일하게 총 3,600만 원이며, 간주임대료로 과세되
는 금액은 648만 원이다.

유삼채 씨의 간주임대료 계산

(12억 원 – 3억 원) × 60% × 1.2% = 648만 원

발생한 실제 경비를 600만 원으로 가정하는 경우 종합소득금

액은 3,648만 원이 된다. 지방자치단체에 임대사업자 등록을 하지 않았기 때문에 별도로 감면되는 금액은 없다. 유삼채 씨가 임대소득에 대한 종합소득세로 납부해야 하는 금액은 총 약 450만 원이 된다.

유삼채 씨 종합소득세 계산

- 종합소득금액 : 42,480,000(주택임대수입)-6,000,000 (필요경비)=36,480,000원
- 과세표준 : 36,480,000-2,000,000(기본공제)=34,480,000원
- 소득세 : 34,480,000×15%(세율)-1,080,000원=4,092,000원
- 지방소득세 : 4,092,000×10%=409,200원
- 총 납부액 : 4,501,200원

※임대 등록은 하지 않았고, 다른 소득은 없다고 가정한다.
※과세표준 1,200~4,600만 원에 대한 누진세율 15%(175페이지 참조)

위 두 사례의 경우 A아파트의 소형주택 해당 여부에 따라 간주임대료 과세대상 주택 수의 차이가 발생했고, 'CASE B'의 경우 전체 임대보증금에 대하여 소득세 과세가 이뤄졌다. 보증금에 대한 간주임대료가 과세대상에 포함됨에 따른 'CASE A'와 'CASE B'의 종합소득세 부담 차이 금액은 약 106만 원임을 확인할 수 있다.

02

나누느냐,
합치느냐의 선택

누진세율이 적용되면
세금이 늘어난다

주택임대사업자의 경우 다른 사업자와 동일하게 매년 5월마다 직전 연도에 발생한 임대소득에 대해서 종합소득세 신고를 해야 한다. 종합소득이란 1년 동안 발생한 모든 소득을 합산한 것을 의미한다. 물론 금융소득(이자 및 배당)에 대해서는 연간 2,000만 원을 초과하는 경우에만 종합소득으로 합산과세가 되기 때문에 상당수의 경우에는 분리과세로 종결된다.

우리나라는 6~45%까지 누진세율 체계를 가지고 있으므로 각각의 소득을 종합하여 과세하게 되면 분리과세를 하는 경우보다 상대적으로 세금에 대한 부담이 높아질 수 있다. 다만, 주택임대소득의 경우 연간 수입금액이 2,000만 원 이하인 경우에는 분리과세를 선택할 수 있다.

가령 연간 월세 수입금액이 2,500만 원이고 재산세와 이자 비용 등 필요경비 합계가 800만 원인 경우 순이익은 1,700만 원인 경우라 하더라도 연간 임대수입이 2,500만 원으로 2,000만 원을 초과하기 때문에 해당 경우에는 분리과세를 선택할 수 없고, 다른 소득과 합산하여 종합과세가 된다.

연간 임대수입금액이 2,000만 원 이하인 경우 분리과세를 선택하게 되면 다른 소득이 있더라도 합산과세가 되지 않기 때문에 고율의 누진세 적용을 피할 수 있는 장점이 있다. 이러한 경우 주택임대소득에 대해서만 14% 단일세율로 과세한다.

• 주택임대소득 과세 방법

연간 수입금액	과세 방법
2,000만 원 초과	다른 소득과 합산하여 종합과세
2,000만 원 이하	종합과세와 분리과세 중 선택

종합소득세 계산하기

소득에 대해 세금을 매긴다면 기본적으로 모든 소득을 합산하는 것이 원칙이다. 하지만 약간의 소득만 있어도 5월에 종합소득세를 신고해야 하기 때문에 이런 불편을 줄이기 위해 종합과세에 대한 실익이 크지 않은 경우 합산하지 않고 분리해서 세금을 매긴다. 이번 장에서 분리과세와 종합과세에 대해 좀더 자세하게 알아보자.

✅ 분리과세

연간 임대수입금액이 2,000만 원 이하인 경우에는 분리과세를 선택할 수 있다. 이 경우 다른 소득과 합산되지 않으며, 14%의 단일세율로 과세가 된다. 분리과세를 선택하는 경우 세무서와 지방자치단체에 임대사업자 등록 유무에 따라 산출되는 세액에 차이가 있다. 기본적으로 임대소득금액의 산정은 수입액에 필요경비율 50%를 적용하고 기본공제 200만 원을 차감하여 계산한다.

다만, 주택임대사업자로 등록한 임대주택의 경우에는 필요경비율 60%를 적용하고 기본공제 400만 원을 차감하여 소득금액을 계산한다. 이때 기본공제는 주택임대소득을 제외한 종합소득금액이 2,000만 원 이하인 경우만 공제가 가능하므로 주의하도록 하자.

• 주택임대사업자 등록 유무에 따른 경비율&공제금액 차이

구분	주택임대사업자 등록시	주택임대사업자 미등록시
필요경비율	60%	50%
공제금액	400만 원	200만 원

종합소득세 산정시 임대주택에 대해서는 임대 유형에 따라 감면율의 차이가 있으니 해당 여부를 확인해야 한다. 단기임대(현재 일몰)로 등록한 경우 산출세액의 30%(1호 임대) 또는 20%(2호 이상 임대), 장기임대로 등록한 경우 산출세액의 75%(1호 임대) 또는 50%(2호 이상 임대)를 2022년 12월 31일까지 감면한다. 따라서 세금 신고시 이를 반영하고, 전문세무사를 통해 신고하는 경우에는 해당 내용이 반영됐는지 반드시 확인하도록 하자.

정부에선 얼마 전까지 임대 등록을 장려했으나 현재는 임대 등록에 대한 혜택이 대부분 폐지 또는 축소됐으므로 임대 등록 전 이에 대한 실익을 전문세무사와 사전에 검토하는 것이 매우 중요할 수 있다.

주택임대업 세액감면 요건

- 세무서와 지자체 모두 사업자 등록을 하였을 것

- 국민주택 규모 이하의 주택일 것
  ※주거 전용 면적이 1세대당 85㎡ 이하인 주택(수도권을
  제외한 읍·면 지역은 100㎡ 이하)

- 임대개시일 당시 기준 시가가 6억 원을 초과하지 않을 것

- 임대보증금·임대료의(연)증가율이 5%를 초과하지 않을 것
  ※임대계약 체결 또는 임대료 증액 후 1년 이내 재증액 불가
  ※임대보증금과 월 임대료 전환은 민간임대주택법을 준용

- 임대 의무 기간을 준수할 것
  ※2020년 8월 17일 이전 등록 신청한 단기임대주택은 4년
  이상, 장기임대주택은 8년 이상
  ※2020년 8월 18일 이후 등록 신청한 장기임대주택의 경
  우 10년 이상

- 임대 등록 유형에 따른
  세액 감면율

지방자치단체 등록 유형	감면율	
	1호 임대	2호 이상 임대
단기임대	30%	20%
장기임대	75%	50%

유형별로 종합소득세 산출세액을 계산해 보면 다음과 같다. 계산 구조를 자세히 보면 지방자치단체 및 세무서에 임대 등록을 한 경우에는 연간 임대수입금액 1,000만 원까지 소득세가 발생하지 않고, 임대 등록을 하지 않은 경우에는 연간 임대수입금

액 400만 원까지 소득세가 발생하지 않는다. 자신의 연 임대수입금액이 어느 구간에 해당하는지 확인하여 사전에 종합소득세 신고를 준비해야 한다.

● 유형별 종합소득세 산출세액

구분	미등록	단기임대주택	장기임대주택
주택임대수입금액	20,000,000원	20,000,000원	20,000,000원
(−)필요경비율(50%, 60%)	10,000,000원(50%)	12,000,000원(60%)	12,000,000원(60%)
(−)기본공제(200, 400만 원)	2,000,000원	4,000,000원	4,000,000원
과세표준	8,000,000원	4,000,000원	4,000,000원
× 세율	14%	14%	14%
산출세액	1,120,000원	560,000원	560,000원
(−)세액감면(20%, 50%)	−	112,000원(20%)	280,000원(50%)
결정세액	1,120,000원	448,000원	280,000원
농어촌특별세	−	22,400원	56,000원
지방소득세	112,000원	44,800원	28,000원
납부할 세액 합계	1,232,000원	515,200원	364,000원

※ 세액감면을 적용받는 경우 감면 금액의 20%를 농어촌특별세로 납부한다.
※ 2호 이상 임대한 것으로 가정하여 감면율을 적용한다.

사례를 통해 더 자세하게 알아보자. 나소득 씨는 남편의 임대수입금액이 1,500만 원, 자신의 임대수입금액이 1,500만 원인데 분리과세를 원한다. 이것이 가능한지 궁금해서 세무서를 찾았다.

연간 임대수입금액이 2,000만 원을 초과하는 경우 종합과세가 되고, 2,000만 원 이하인 경우 분리과세를 선택할 수 있다. 소득세 계산의 기본원칙은 인별 과세다. 부부라고 하더라도 소득세는 각자 계산하는 것이 원칙이기 때문에 해당 사례에서는 남편과 아내 모두 분리과세 선택이 가능하다.

✅ 종합과세

연간 임대수입금액이 2,000만 원을 초과한다면 분리과세를 적용받을 수 없기 때문에 다른 소득과 합산하여 종합과세가 되고, 필요경비율을 적용받지 못한다. 따라서 종합과세가 되는 경우에는 200만 원 또는 400만 원의 기본공제만 적용되는데 이것도 임대수입금액 외 종합소득금액이 2,000만 원을 초과하는 경우에는 적용받지 못한다.

예를 들어 임대수입금액이 연간 3,000만 원이면서 직장에서 근로소득으로 받는 금액이 연간 5,000만 원이라고 가정해보자. 임대수입금액이 연간 2,000만 원을 초과하기 때문에 전액 종합과세 대상에 해당한다. 임대수입금액 외 다른 종합소득금액(근로소득)도 2,000만 원을 초과하기 때문에 해당 사례에서는 필요경비(50~60%)와 기본공제(200~400만 원) 모두 적용받을 수 없다. 따라서 이러한 경우에는 실제 발생한 경비를 바탕으로 종합소득세 신고를 해야 하기 때문에 세금 부담도 커질 수밖에 없다.

종합과세 신고 방법

종합과세 신고 방법에는 추계신고와 장부신고 2가지 방법이 있다.

◎ 추계신고

추계신고란 1년 동안 벌어들인 각종 소득을 다음해 5월 31일까지 세무서에 신고해야 하는 납세자가 세무서에 제출해야 할 증빙 자료를 준비하지 못해 소득금액을 계산할 수 없을 때, 납세자가 본인 소득이 어느 정도인지 경비율을 통해 산정한 뒤 신고하는 제도다.

증빙 자료나 장부가 미비할 경우 국가에서 정해준 경비율을 바탕으로 일정 퍼센트만큼 경비를 제하고 세금을 내는 구조로 되어 있어 영세업자들에게 도움이 될 수 있다. 주로 추계신고 대상자는 영세업자에 해당되며, 일정 소득금액 이상 되는 사업자의 경우에는 추계신고시 가산세가 부과된다. 즉, 일정 규모 이상 되는 사업장의 경우 전문세무사의 확인이나 실제 장부를 바탕으로 신고해야만 인정해주겠다는 취지로 이해할 수 있다.

경비율에는 단순경비율과 기준경비율이 있으며, 5월에 국세청으로부터 종합소득세 안내문을 받으면 업종 및 소득 규모에 따른 신고 대상 유형과 경비율이 적혀 있는데 그것을 확인해야 한다.

가령 주택임대수입금액이 2,400만 원이면서 단순경비율 50%를 적용받는 사업자의 경우에는 임대소득과 관련된 아무런 증빙 자료가 없어도 임대수입금액의 50%인 1,200만 원의 경비가 발생했다고 인정해주는 것이므로, 종합소득금액으로 신고해야 할 금액은 1,200만 원이 된다.

✅ 장부신고

기본적으로 세금 신고는 실제 발생한 필요경비를 바탕으로 장부를 작성하여 계산하는 것이 원칙이다. 여기서 필요경비란 주택임대수입금액에 대응하는 비용으로, 해당 사업과 관련된 것을 의미한다. 따라서 종합과세가 되는 경우에는 주택임대업에서 인정되는 필요경비가 무엇인지 확인하고, 미리 준비하는 것이 절세의 지름길이다.

필요경비에 대한 증빙 확보는 절세의 첫걸음

주택임대수입금액에서 필요경비를 뺀 금액이 임대소득금액이 된다. 그래서 종합소득세를 계산할 때 필요경비로 인정되는 항목을 꼭 알아야 한다. 필요경비에는 임대사업과 관련된 제세공과금과 보험료, 건물에 대한 감가상각비, 주택 유지비용 보수 등이 있다. 각각의 경비별로 더 자세하게 알아보자.

✅ 제세공과금

주택 임대업을 하게 되면 필연적으로 발생하는 것이 보유세다. 보유세 중 재산세는 7월과 9월에 50%씩 고지되고, 종합부동산세는 당해 주택공시가격을 바탕으로 기준 금액 이상이 되면 12월에 고지가 된다. 주택임대업에 관련된 보유세도 필요경비에 포함되니 세금 납부 영수증을 모아놓는 것이 중요하다. 다만, 전체 금액이 아닌 해당 임대주택에 대한 세금만큼만 필요경비로 인정된다는 점을 명심하자.

✅ 보험료

임대용 주택에 대한 손해보험료도 임대사업과 관련한 비용이므로 필요경비에 포함된다. 다만, 손해보험료 등은 연 단위로 납부하기 때문에 2021년 7월 1일에 가입한 손해보험의 경우 일시 납부로 연간 보험료를 냈다 하더라도 7월부터 12월까지 총 6개월치의 보험료만 필요경비로 인정받을 수 있다. 나머지 6개월치는 2022년도의 필요경비로 인정받을 수 있으니 꼭 기억하자.

✔ 감가상각비

건물은 시간이 경과함에 따라 노후화되고 경제적 가치가 하락하게 된다. 이렇게 자산의 가치가 감소하는 부분을 기간 비용으로 처리하는 것을 감가상각비라고 한다.

예를 들어 10억 원에 취득한 주택을 40년의 기간 동안 감가상각을 한다고 하면 매년 2,500만 원씩 감가상각비 명목으로 비용 처리를 할 수 있다. 그러나 감가상각비를 반영하게 되면 건물 취득가액이 감가상각비만큼 감소하게 되어 추후 양도소득세 계산 시 양도차익이 해당 부분만큼 커지는 문제가 발생하니 감가상각비 반영 여부는 반드시 전문세무사와 협의 후에 결정하는 것이 좋다. 아래 예시를 통해 쉽게 이해해보자.

• 감가상각비 반영에 따른 양도차익 비교

구분	감가상각비 반영시	감가상각비 미반영시
양도가액	10억 원	10억 원
취득가액	5억 원 - 2억 원 (감가상각비)	5억 원
양도차익	7억 원	5억 원

※ 8년간 비용 처리한 감가상각비가 2억 원이라고 가정한다.

감가상각비를 반영한 경우가 그렇지 않은 경우에 비하여 양도차익이 2억 원 더 크게 계산된다. 2억 원에 대한 부분을 종합소득세 신고시 미리 비용 처리하여 세금 혜택을 봤다면 추후 임대주택을 양도했을 때 취득가액에서 감가상각비를 차감하도록 하고 있다. 이는 감가상각비를 비용 처리 하지 않은 경우와의 과세 형평을 맞추기 위해서다.

✅ 유지보수 비용

임대사업을 하다 보면 여러 가지 유지보수 비용이 발생하게 된다. 단순한 소모품 교체부터, 리모델링 등 여러 가지 비용이 발생하는 것이다. 임대와 관련하여 필연적으로 발생하는 비용이다 보니 경비 처리도 당연히 가능하다. 수선비의 경우 현금거래를 하게 되면 경비로 인정받기가 어려우니 카드, 현금영수증, 세금계산서 등의 증빙 서류를 구비하고, 상대적으로 금액이 큰 자본적지출▪ 등의 경우에는 증빙 서류뿐만 아니라 계약서도 같이 첨부해야 한다.

사례로 알아보자. 나자본 씨는 소유하고 있는 주택의 리모델링을 하려고 한다. 발코니 확장과 창틀 교체 등을 위해 거주지 인근 인테리어 사무소를 찾았다. 견적을 받아보니 500만 원에 부가가치세 50만 원으로 총 550만 원의 비용이 나왔는데 현금(또는 계좌이체)으로 결제하면 부가가치세 50만 원은 할인해준다고 하여 어떻게 해야 할지가 고민이다.

해당 사례의 경우 실무적으로 상당히 자주 마주치게 되는 이야기다. 과연 나자본 씨는 부가가치세 50만 원을 추가적으로 내고 현금영수증을 받는 것이 더 나은 선택일까? 아니면 50만 원을 아끼고 현금영수증을 포기하는 것이 더 나은 선택일까? 먼저 166페이지의 표를 통해 자세히 알아보자.

▪ 고정자산(주택)에 관한 지출 중에서 주택의 가치를 증가시키거나 가용 연수를 증가시키는 지출을 의미한다. 대표적으로 발코니 확장, 창틀 교체 등이 있다.

• 증빙 수령 여부에 따른
추후 주택 양도시 세금 차이

구분	현금영수증을 발급받은 경우	현금 결제한 경우
양도가액	500,000,000원	500,000,000원
취득가액	250,000,000원	250,000,000원
필요경비	5,500,000원	-
양도차익	244,500,000원	250,000,000원
장기보유특별공제(10년 보유)	20%	20%
양도소득금액	195,600,000원	200,000,000원
세율	38%	38%
누진공제	19,400,000원	19,400,000원
산출세액	54,928,000원	56,600,000원
지방소득세	5,492,800원	5,660,000원
합계	60,420,800원	62,260,000원

■
적격증빙이란 세금계산서, 계산서, 신용카드 매출전표, 현금영수증을 의미한다. 단순한 거래명세서는 세법에서 인정하는 적격증빙이 아님에 유의하자.

복잡하게 생각할 필요 없이 표의 합계만 봐도 현금영수증을 받은 경우와 받지 않은 경우의 금액이 약 183만 원의 차이가 난다는 것을 확인할 수 있다. 이는 증빙과 계약서를 가지고 있는 경우 비용 처리를 받을 수 있는 반면, 관련 내용을 입증할 자료가 없는 경우 경비로 입증하는 데 어려움이 발생한다는 것을 반증하는 것이기도 하다.

위 사례에서는 계약 당시 10% 상당의 현금 50만 원을 아낀 대신에 추후 양도시 38%의 세율로 양도소득세를 내게 되어 약

183만 원의 추가 세금이 발생한다. 그리고 위 사례와 같은 현금 거래는 탈세 행위에 해당하기도 하므로 증빙 거래하는 것을 추천한다.

✅ 이자비용

주택을 취득하기 위해 대출을 받은 경우 해당 이자비용도 경비로 인정이 된다. 주택임대수입을 얻기 위해 직접적으로 지출되는 비용이기 때문이다. 주의할 점은 임대사업과 무관한 대출 이자비용은 임대소득에 대한 필요경비에 포함되지 않는다.

　주택임대수입금액이 2,000만 원 이하인 경우 이자비용이나 유지보수 비용 등의 실제 경비가 많아 임대소득이 거의 발생하지 않은 경우에는 종합과세를 선택하는 것이 유리할 수도 있으니, 어떠한 과세 방식을 선택하는 것이 유리할지 현명하게 검토해야 한다.

주택임대업 필요경비 예시

- 임대용 주택에 대한 비용
  ① 임대용 주택의 현상 유지를 위한 수선비
  ② 관리비와 유지비
  ③ 임대용 주택의 손해보험료

- 사업과 관련이 있는 제세공과금

- 주택임대업에 직접 사용된 부채에 대한 이자비용

- 임대용 주택의 감가상각비

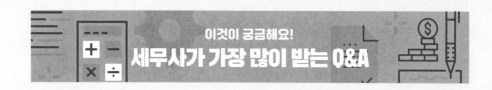

Q1 주택임대소득에 대해서 세금 혜택을 받을 수 있는 제도에는 어떤 것이 있나요?

A1 종합소득세 신고를 진행하다 보면 대다수의 납세자들이 간편장부대상자(직전 연도 주택임대수입금액이 7,500만 원 이하인 자)에 해당합니다. 이 경우 전문세무사 를 통해 복식부기장부로 기장하여 신고하게 되면 납부할 세액의 20% 또는 100만 원 중 적은 금액을 공제받을 수 있는데, 이를 기장세액공제라고 합니다.
그 이외에도 임대사업자로 등록을 하면 공제금액을 통해 감면받을 수 있습니다. 임 대사업자 등록을 할 경우 기본공제금액이 400만 원이고, 등록하지 않을 경우 200만 원이니, 요건이 맞는다면 임대사업자 등록을 하는 것이 좋습니다. 다만 임대사업자 요건이 까다롭기 때문에 다방면에서 검토하고 결정해야 합니다.

Q2 서울에 공시가격 9억 원 이하의 주택 1채를 보유하고 있는데 그 집을 월세로 돌 리고, 저는 전세로 살고 있습니다. 그래서 소득세 걱정을 하지 않았는데 2021년 공시 가격을 확인해보니 9억 원을 초과했어요. 과세대상이 될까요?

A2 원칙적으로 1주택자인 경우 공시가격 9억 원 이하라면 월세 수입액에 대해서 비과세가 됩니다. 그러나 공시가격이 9억 원을 초과하게 되는 시점부터는 월세 수입 액에 대해서는 소득세가 부과됩니다. 주택공시가격은 보통 매년 4월 말에 고시되는 데, 고가주택(공시가격 9억 원 초과) 판단은 과세기간 종료일 현재를 기준으로 판단 하기 때문에 2021년 말 현재 9억 원을 초과했다면 2021년 발생한 월세 수입액에 대해 선 소득세 과세가 이뤄질 겁니다.

Q3 현재 주택 1채를 남편 50%, 저 50% 지분으로 나눠 공동 명의로 소유하고 있어 요. 이 집을 임대하고 있는데 주택임대수입금액은 1,500만 원이고 필요경비는 600만 원입니다. 이 경우 각자에게 귀속되는 소득은 어떻게 산정하나요?

A3 주택임대수입금액 산정시 공동사업자인 경우에는 우선 사업장을 기준으로 총 임대수입금액(1,500만 원)에서 총비용(600만 원)을 차감하여 소득액을 계산합니다. 이렇게 산출된 금액을 50대 50으로 안분 계산한 뒤, 각자의 다른 소득금액과 합산하여 종합소득세를 계산하면 됩니다. 즉, 각자에게 귀속되는 주택임대소득금액은 450만 원이 됩니다.

• 공동사업자의 소득금액 계산 구조

구분	남편	아내
임대수입금액	15,000,000원	
필요경비	6,000,000원	
임대소득금액	9,000,000원	
각자의 소득금액	4,500,000원	4,500,000원

Q4 직장인으로 자그마한 집을 임대로 주고 있습니다. 그런데 주택임대수입금액에 대해 소득세 신고를 할 때 지역 건강보험료가 별도로 부과될 수 있다는 이야기를 들었는데 정말로 직장 건강보험료와 지역 건강보험료를 다 내야 할까요?

A4 직장에서 받는 보수를 바탕으로 부과되는 직장가입자 건강보험료와는 별개로 지역가입자의 건강보험료가 있습니다. 지역가입자의 경우 소득, 재산, 자동차를 기준으로 점수화하여 1점당 201.5원을 곱하여 보험료를 산정하고 있습니다. 직장 건강보험 가입자의 경우 주택임대소득금액이 연 3,400만 원(2022년 7월부터는 2,000만 원)을 초과하는 경우에는 별도로 직장 건강보험료와 별개로 추가 보험료가 부과될 수 있으니, 사전에 건강보험공단을 통해 해당 여부를 확인해보는 것이 좋겠습니다.

STEP
5

아는 만큼 보이는
세테크 5단계
-
양도소득세 편

01

부동산 세금 중 가장 무서운 양도소득세

대가를 주고받는다면 양도소득세가 발생한다

국내 및 국외에 있는 주택을 양도해서 생기는 소득이 있는 개인은 양도소득세를 신고 및 납부해야 한다. 프롤로그에서 언급했다시피 투자의 마무리는 세금이며, 특히 양도소득세가 각 단계의 마지막이다. 더불어 재산세와 종합부동산세보다 절세 포인트가 다양하기 때문에 제대로 이해하는 것이 중요하다.

'Step 1'에서 세금 용어에 대해 살펴보았다. 양도는 '유상(有償)' 즉, 대가를 주고받는 과정이 필요하다. 만약 '무상(無償)'이면 돈을 주고받지 않기 때문에 증여나 상속에 속한다. 대가를 주고받아야 양도소득세가 발생하고, 대가를 주고받지 않으면 증여세나 상속세가 발생한다.

양도소득세 계산하는 4단계

양도소득세는 4단계를 거쳐 계산한다. 양도차익을 계산한 후 과세표준을 산출하여 세액을 계산한다. 세액에 지방소득세를 더하고 감면이나 공제액을 차감하여 양도소득세를 구한다.

✅ 양도차익 계산하기

양도차익은 양도가액에서 필요경비(취득가액 및 기타 필요경비)를 차감한 금액으로 실질적인 이익 금액을 말한다. 이를 양도소득이라고 말할 수 있으며 해당 금액에 따라 세금 규모가 결정된다.

$$양도차익 = 양도가액 - (취득가액 및 기타 필요경비)$$

예를 들어 6억 원의 집을 사서 8억 원에 팔았다면 양도차익은 2억 원이다. 여기서 기타 필요경비를 차감한다. 기타 필요경비는 집을 사고팔면서 들어간 취득세, 법무사수수료, 중개수수료, 인테리어 비용(창틀이나 보일러 교체) 등을 말한다. 기타 필요경비를 차감한 후 이익을 봤으면 양도차익이고 손해를 봤으면 양도차손이다.

그렇다면 1세대 1주택 비과세로 주택의 양도가액이 12억 원(고가주택)을 초과하는 경우는 어떨까? 앞 사례와는 계산 방식이 상이하니 구분해서 알아봐야 한다.

$$양도차익 \ = \ (양도가액 - 취득가액 및 기타 필요경비)$$
$$\times \ \frac{양도가액 - 12억 원}{양도가액}$$

1세대 1주택 비과세를 적용하는 경우 양도가액 12억 원 이하의 주택을 양도한다면 양도소득세가 발생하지 않으며, 양도가액 12억 원을 초과하는 주택의 경우에는 위 산식을 적용해서 양도차익을 산정해야 한다.

✓ 과세표준 계산하기

양도차익에서 장기보유특별공제와 기본공제를 차감하면 양도소득세의 과세표준을 산출할 수 있다. 양도소득 기본공제는 양도소득이 있는 거주자에 대해서 각 과세기간의 양도소득에서 연 250만 원을 공제해주는 것을 말한다.

과세기간인 1년마다 1회씩 공제하기 때문에 과세기간에 주택 2채를 사고팔아도 기본공제는 1회만 적용되니 이를 꼭 염두에 두기 바란다.

✓ 세액 산출하기

양도소득세는 다른 조세들과 마찬가지로 과세표준에 세율을 곱해서 세액을 산출하는데, 각 세목별로 다른 세율을 적용하게 된다. 양도소득세에서는 일반적으로 기본세율을 적용하게 되며, 상황에 따라서 중과세율 또는 단일세율을 적용하기도 한다.

기본세율은 소득세법에 적용되는 세율로써 종합소득세, 양도소득세, 퇴직소득세 등을 계산하는 데 적용된다. 기본세율은 계단식 구조를 가지고 있기 때문에, 세율을 곱한 후 누진공제액을 차감해서 세액을 산출하게 된다.

- 기본세율

과세표준	세율	누진공제액
1,200만 원 이하	6%	–
1,200만 원 초과 ~ 4,600만 원 이하	15%	108만 원
4,600만 원 초과 ~ 8,800만 원 이하	24%	522만 원
8,800만 원 초과 ~ 1억 5,000만 원 이하	35%	1,490만 원
1억 5,000만 원 초과 ~ 3억 원 이하	38%	1,940만 원
3억 원 초과 ~ 5억 원 이하	40%	2,540만 원
5억 원 초과 ~ 10억 원 이하	42%	3,540만 원
10억 원 초과	45%	6,540만 원

- 일반부동산 및 부동산상의 권리 세율

구분	세율
기본세율	6 ~ 45%
1년 미만 보유	50%
1년 이상 2년 미만 보유	40%
비사업용 토지	기본세율 + 10%(투기지역 20% 가산)
미등기양도자산	70%

※ 2021년 12월 현재 토지투기지역으로 지정된 지역은 없음

● 주택 수에 따른 세율

구분	세율
기본세율	6 ~ 45%
1년 미만 보유	70%
1년 이상 2년 미만 보유	60%
1세대 2주택	기본세율 + 20%
1세대 3주택 이상	기본세율 + 30%
미등기양도자산	70%

※ 다주택자에 대한 중과세 규정은 2018년 4월 1일 이후 조정대상지역에 소재하는 주택을 양도할 경우 적용된다.

✅ 양도소득세 계산하기

양도소득세는 과세표준에 세율을 곱한 후 누진공제액을 차감하여 산출세액을 구한다. 산출세액에 지방소득세(산출세액의 10%)를 더하면 총 납부세액이 계산되며 상황에 따라서 감면이나 공제액을 차감한다면 양도소득세를 알 수 있다.

02

양도소득세 절세 ①
양도가액에 주목하라

**양도소득세를
좌우하는 실거래가**

양도소득세를 결정하는 요소 중에 가장 중요한 부분은 '실거래가'다. 실거래가는 양도나 취득 당시 해당 자산의 대가로 받은 금액을 말하며, 해당 거래의 대가라는 사실이 매매계약서 등을 통해서 객관적으로 증명이 돼야 한다.

객관적으로 증명이 돼야 하므로 20년 전쯤 성행했던 다운계약서나 업계약서의 거래금액은 실거래가로 볼 수 없으며, 계약서를 쓰지 않고 진행하는 등의 거래는 실거래가를 확인할 수 없어 계약 조건이 성립되지 않는다.

실제로 주고받는 돈, 즉 실거래가는 양도가액이 되기 때문에 실거래가 중에서 양도가액에 포함되는 금액과 포함되지 않은 금액은 무엇인지 살펴보도록 하자.

**양도가액에
이런 것은 포함된다**

먼저 양도가액에 포함되는 사항에 대해서 자세하게 알아보자.

✅ 매도자의 채무

일반적으로 부동산을 거래할 때 매수자(사는 사람)가 해당 부동산의 전세보증금 또는 근저당 채무 등을 인수하는 경우가 많다. 다만 여기서 중요한 점은 보증금과 채무를 인수하는 경우 실제 받는 돈에서 제외한다고 해서 양도가액에서도 채무를 제외할 것이라고 생각하는 사람들이 많으나 해당 채무는 양도가액에서 제외되지 않는다.

예를 들어 4억 원의 집을 팔려고 한다. 4억 원에는 세입자의 보증금 1억 원도 포함되어 있다. 이 경우 집을 팔 때 보증금 1억 원을 제외한 3억 원에 대해서 현금을 받게 되므로, 양도가액을 3억 원으로 착각하는 사람이 많으나 실제 양도가액은 4억 원이 된다. 내가 받은 대가가 양도가액이 되는 구조인데, 현금은 3억 원을 받았으나 보증금 1억 원은 매수자에게 귀속되어 채무가 1억 원이 면제되는 구조이므로 대가는 4억 원이 된다.

✅ 매수자가 부담하는 양도소득세

간혹, 집을 파는 사람이 납부해야 하는 양도소득세를 집을 사는 사람이 부담하는 경우(대개 매매가액에 포함해서 지불)가 있는데 이 경우 사는 사람이 부담하는 양도소득세도 집을 팔고 받는 대가의 일부분이므로 당연히 양도가액에 포함된다.

예를 들어 알아보자. A 씨의 집이 너무 마음에 든 H 씨는 매매가액 10억 원에 추가적으로 양도소득세 1억 원을 대신 부담해주겠다며 A 씨에게 집을 팔라고 권유했다. 이 경우 양도가액은 10억 원일까? 아니면 11억 원일까?

정답은 대가로 받은 11억 원(매매가액 10억 원 + 양도소득세 1억 원)이다. 양도가액은 집을 양도하고 받은 총 금액이므로 11억 원이 전액 양도가액이 된다.

양도가액에 이런 것은 포함되지 않는다

그렇다면 양도가액에 포함되지 않는 사항에 대해서도 알아보자.

✅ 대금 지연 지급에 따른 이자상당액

집을 사는 사람의 사정으로 인해 양도 대금이 지연됨에 따라 이자상당액을 지급하기로 합의하는 경우 이자상당액은 양도가액에 포함되지 않으므로, 양도소득세에 영향을 미치지 않는다. 이자상당액은 집을 팔고 받는 대가가 아니라 돈을 빌려주고 받는 이자와 유사하므로 양도가액에 포함하지 않는 것이다.

집을 사는 사람의 자금 사정이 좋지 않아서 매매대금을 며칠 또는 몇 개월 늦게 지급하는 경우가 종종 있다. 그 기간이 그리 길지 않다면 합의하에 넘어가기도 하지만 몇 개월 이상 지속된다면 이자상당액을 지급하도록 합의하는 것이 더 좋다.

✅ 계약의 해지에 따른 위약금 또는 배상금

집을 사고파는 과정 중 집을 파는 사람과 집을 사는 사람의 의견이 엇갈리거나, 주택이 예상외로 부실할 경우 매매계약이 해지될 수 있다. 이때 계약을 해지하게 된다면 위약금 또는 배상금을 지급하도록 계약서에 기재하는데, 이때 받은 위약금 또는 배상금은 양도가액에 포함되지 않는다. 해당 금액은 별도로 기타소득에 해당하므로 기타소득*으로 과세된다.

예를 들어보자. I 씨는 최근 5억 원짜리 집을 팔려다가 매수자의 사정으로 인해 매매계약을 취소하고 위약금으로 계약금 5,000만 원을 받았다. 이 돈도 소득세가 과세될까? 계약 해지에

* 소득세법에서 상금이나 사례금, 보상금 등의 일시적으로 발생한 소득을 의미한다.

따른 위약금 또는 배상금이기 때문에 양도가액에 포함되지 않고, 기타소득으로 분류하고 5,000만 원에 대한 소득세를 신고하고 납부해야 한다.

계약을 해지함에 따라 받는 위약금 또는 배상금은 종합소득 중 하나인 기타소득에서 열거하고 있는 소득으로 기타소득세 신고 대상이 되니 참고하자.

✅ 매수자로부터 받은 부가가치세

주택은 부가가치세 면세에 해당하기 때문에 일반적으로 주택을 양도하는 경우 부가가치세가 발생하지 않는다. 다만 상가 또는 겸용주택▪을 양도하는 경우 상가 부분이 부가가치세 과세에 해당되어 부가가치세를 부과되는 경우가 다소 있다. 이럴 경우 매수자로부터 받은 부가가치세는 양도가액에 포함되지 않고 부가가치세로 신고하고 납부해야 한다.

상가나 겸용주택을 양도하는 경우 과세사업에 해당하는 사업용 자산을 양도하는 것이라서 부가가치세를 받아 국가에 납부해야 한다. 예를 들어 10억 원에 상가 1채를 매매한다고 가정해보자. 이때 상가의 매매가액 10억 원과 부가가치세 1억 원을 받았다면 양도가액은 10억 원이고, 부가가치세 1억 원은 부가가치세로 신고하고 그에 맞는 세액을 납부해야 한다. 만약 이를 잘 알지 못하고 11억 원을 양도가액으로 산정한다면 부가가치세 1억 원 부분은 세금으로 납부할 뿐만 아니라 이 금액이 양도가액에도 포함되어 양도세도 부과되는 중복과세가 된다.

▪ 상가와 주택이 결합된 주택을 의미하고, 상가를 주택으로 용도를 변경할 경우 용도 변경일로부터 2년을 보유해야 양도소득세 비과세를 적용받을 수 있다.

양도가액에서 감액되는 경우를 살펴야

양도소득세에서 양도가액은 굉장히 중요한데, 매도가를 낮추면 당연히 그에 따른 양도소득세도 낮아진다. 여러 변수를 통해 양도가액이 감액되는 경우가 있는데 그것에 대해 자세하게 알아보자.

✅ 매매가액이 감액된 경우

기존에 매매계약서에 약정된 매매가액이 합의에 따라 변동된다면 변경계약이 이뤄지기 마련이다. 변경된 경우에는 수정(증가 또는 감소)된 매매가액을 양도가액으로 하게 되므로 양도소득세 또한 늘어나거나 줄어들 수 있다.

O 씨는 10년간 보유하던 아파트를 5억 원에 팔기로 하고 매매계약을 했다. 그런데 함께 생활하는 어머니의 건강이 악화되어 이사를 할 상황이 여의치 않아서 매매계약을 6개월 정도 미루기로 하고 매매가액을 5,000만 원 정도 깎아주기로 했다. 이 경우 양도가액은 얼마일까? 수정된 금액인 4억 5,000만 원이 된다. 이 경우 변경계약을 통해 양도가액을 확정지을 수 있다.

✅ 주택의 하자로 인한 손해보상금

보통 주택이나 부동산(양도 자산)에 하자(수도 누수, 배관 불량 등) 등이 있는 경우 양도가액을 낮출 수 있다. 집을 파는 사람이 주택 상태의 불량을 인정하고 집을 사려는 사람에게 별도로 손해보상금을 지급하는 경우에 해당한다. 이럴 경우 양도가액에서 손해보상금만큼 차감할 수 있다.

P 씨는 7억 원에 집을 팔려고 하는데 매수자가 보일러가 고장난 부분, 문이 잘 닫히지 않는 부분 등 하자를 언급하여 매매가액에서 5,000만 원을 손해보상금으로 달라고 한다. P 씨는 하자

를 인정하고 손해보상금을 지급하기로 했다.

이 경우 양도가액은 6억 5,000만 원으로, 주택 상태의 불량을 인정하고 손해보상금을 지급하기로 한 경우 해당 손해보상금은 양도가액에서 차감할 수 있다. 관련 내용을 입증할 수 있도록 매매계약서상 특약사항으로 기재하거나 변경계약서를 작성하는 것이 좋다.

양도가액에서 감액되지 않는 경우도 살펴야

일반적으로 양도가액에서 제외된다고 예상하지만 감액되지 않는 경우가 있다. 이 부분을 자세하게 알아보자.

✅ 부동산 매매대금으로 받은 수표나 어음의 부도 금액

요즘은 흔치 않지만, 수표나 어음이 활성화된 시절에는 부동산 매매대금을 수표나 어음으로 받는 경우가 종종 있었다. 수표나 어음을 받은 후 해당 회사가 부도나서 대금을 지급받지 못하는 경우에는 안타깝긴 하지만 양도가액에서 차감할 수 없다.

S 씨는 집을 사는 사람으로부터 수표 1억 원을 수령했다. 한 달 뒤 은행에 가서 해당 수표를 계좌에 입금하려고 했더니 부도 처리가 된 수표였다. 더욱이 양도가액에서도 빠지지 않으니, 이보다 더 억울할 수 있을까? 지금은 이런 경우가 흔치 않지만 예전엔 종종 일어나는 일이었다.

✅ 중개인이 횡령한 금액

중개인이 횡령한 금액 또한 중개인과 매도자 간의 민사소송 및 부당이득반환청구소송으로 진행해야 하며 이를 양도가액에서 제외하지는 않는다.

T 씨는 평소 20년 정도 잘 알고 지내던 공인중개사에게 주택 매매를 위임했고 매매금액도 공인중개사의 계좌로 대신 전달받기로 했다. 그런데 공인중개사가 잔금 중 1억 원을 주지 않고 잠적했다. 이런 일이 있을 수 있을까 하지만 일어난 일이기도 하다. 그리고 이런 경우 1억 원의 금액은 양도가액에서 빠지지도 않는다.

✅ 부동산과 함께 양도한 집기 비품액 등

양도 자산과 함께 양도한 집기 비품액은 일반적으로 양도가액에서 제외할 수 없다. 다만 다음과 같이 일정한 경우에는 양도가액에서 차감할 수 있으므로 계약서 작성 전에 조치를 취해두는 방안이 필요하다.

• 양도가액에서 집기 비품액의 공제 여부

구분		현금 결제한 경우
구분 거래한 경우	① 부동산과 집기 비품을 구분하여 거래할 것	공제할 수 있음
	② 합리적으로 가치를 평가하여 구분할 것	
	③ 부동산 가액과 구분하여 별도로 지급할 것	
구분 거래하지 않은 경우		공제할 수 없음

모텔을 운영하고 있는 J 씨는 은퇴하고 시골에 내려가 쉬고 싶어서 최근 이 건물을 통째로 양도하게 됐다. 매수자는 모텔에서 사용하던 에어컨, 침대, 책상 등 기타물품까지 다 인수하고 싶다면서 모든 비용을 매매가액에 포함하고자 한다. 이때 J 씨는 어떻게 비품 처리를 하면 좋을지 알아보자.

J 씨가 집기 비품액을 받는 형대에 따라서 2가지로 구분해볼 수 있다. 첫 번째는 부동산 매매가액에 포함하여 수령하는 경우다. 이땐 집기 비품액이 양도가액에 포함되며 그로 인해 생각보다 많은 양도소득세가 부과될 수 있다. 집기 비품 등의 경우 살 때는 취득가액으로 인정받을 수 있지만 양도소득세에서는 취득가액이 반영되지 않기 때문에 양도가액은 늘어나고 취득가액은 그대로이므로 양도소득세가 증가하게 된다.

두 번째는 부동산 매매가액과 구분하여 수령하는 경우다. 이땐 집기 비품액이 양도가액에 포함되지 않는다. 양도가액에서 제외된다면 양도소득세 계산시 집기 비품을 차감한 양도가액을 바탕으로 양도소득세를 계산하게 되므로 상대적으로 양도소득세 부담이 적다.

다만, 집기 비품액의 경우 사업소득으로 과세될 수 있는 부분이니 전문세무사와 상담한 후 절세 폭이 넓은 방향으로 선택하는 것이 좋다.

03

양도소득세 절세 ②
필요경비를 늘려라

필요경비를 늘려야 차익이 높아진다

필요경비는 양도소득세를 줄이는 데 중요한 요소다. 그렇다고 해서 주택 매매 과정에서 지출해온 모든 금액을 필요경비로 내세울 수는 없다. 그래서 필요경비에는 어떤 것이 포함되는지 아는 것이 매우 중요하다.

필요경비는 취득가액과 부대비용, 부동산 가치를 높이기 위한 자본적지출액, 양도비용 이 3가지로 구성되어 있다. 이 3가지가 어떻게 다르고 어떤 금액들이 인정되거나 인정되지 않는지에 따라 양도차익 금액이 달라지므로 차례차례 자세하게 알아보자.

취득가액과 부대비용

취득가액

취득가액이란 주택을 취득하는 데 소요되는 비용을 말한다. 여기에는 주택을 취득할 때 드는 취등록세, 법무사 비용, 중개수수료 등의 부대비용도 포함된다.

취득가액의 원칙은 실거래가액인데, 이는 주택을 매입하거나 주택을 직접 짓는 경우로 나눌 수 있다. 우선 집을 매입하는 경우 실제 거래 금액과 부대비용을 합친 것을 실거래가액으로 본다. 집을 직접 짓는 경우는 신축하기 위해 소요된 원재료비, 노무비, 운임, 하역비, 보험료, 수수료, 공과금 등을 합친 금액이 실거래가액이 된다.

이 2가지의 경우 공통적으로 소유권의 확보를 위해 소요된 경비로 취득세, 취득시 부담한 부가가치세, 인지세, 소송비용, 취득 관련 수수료(법무사 수수료 또는 중개사 수수료 등) 등이 경비로써 포함된다.

그렇다면 상속 또는 증여로 받는 주택은 어떨까? 상속 또는 증여로 취득한 자산의 취득가액을 계산할 때는 상속개시일 또는 증여일을 기준으로 상속세 및 증여세법에 따라 평가한 가액(매매가액, 공매·경매·수용가액, 감정가액, 유사 매매사례가액, 기준 시가 등)을 실거래가액으로 본다.

행여 집을 취득하는 데 계약서를 분실했거나 오래전에 건물을 신축하여 공사 비용에 관한 내역이 없는 등 실거래가를 알 수 없는 경우 추계 방법인 매매사례가액, 감정가액 또는 환산취득가액을 순차적으로 적용해 이 금액을 취득가액으로 본다.

실거래가액을 모르는 경우 대체 방법

- 매매사례가액 : 취득일 전후 3개월 이내에 취득한 주택과 동일하거나 유사한 다른 주택의 매매가액

- 감정가액 : 취득일 전후 3개월 이내에 2개 이상의 감정평가업자가 평가한 가액의 평균액(기준 시가 10억 원 이하인 경우에는 1개의 감정가액)

- 환산취득가액 : 양도할 때 거래한 실지거래가액에 취득 및 양도 당시의 기준 시가 비율을 곱하여 계산한 가액

- 기준 시가 : 토지나 건물, 부동산과 골프 회원권 등 특정 점포 이용권을 팔거나 상속 또는 증여할 때 양도소득세나 상속세, 증여세 등의 과세액을 부과하는 기준이 되는 가격

다만, 주택을 신축(증축)하고 그 주택의 취득일(증축일)로부터 5년 이내에 주택을 양도하는 경우, 취득가액을 감정가액 또는 환산취득가액으로 적용받았다면 취득가액의 5%에 해당하는 금액을 가산세로 납부하게 되니 주의해야 한다.

부대비용

부대비용의 경우 앞서 말한 것과 같이 취등록세, 법무사 비용, 취득시 중개수수료 등이 해당된다. 취득한 지 얼마 되지 않았다면 괜찮지만 오래전에 취득한 경우 각종 영수증이 어디 있는지 찾지 못하는 경우가 태반이다. 찾지 못한다고 해도 크게 걱정하지는 말자.

대체로 등기권리증에 부착되어 있으므로 보관하고 있는 등기권리증을 잘 살펴보면 상당 부분 찾을 수 있고, 행여 찾지 못하더라도 취등록세의 경우 인근 주민센터를 방문하여 납부확인서를 발급받을 수 있다.

부동산의 가치를 높이기 위해 지출한 금액

깨끗한 집과 지저분한 집이 있다면 여러분은 어떤 집을 사고 싶은가? 허물거나 보수할 계획이 없다면 물어보나마나 깨끗하게 관리된 집을 사고 싶을 것이다. 그래서 집을 팔 때 집주인은 나름 관리를 한다. 페인트를 다시 칠한다거나 베란다를 확장한다거나 창틀이나 보일러를 교체한다. 이처럼 부동산(자산)의 가치를 높이기 위해 개량, 용도 변경, 이용 편의를 지출한 비용이 자본적지출액이다.

다만 벽지 또는 장판 교체 비용 등 사소한 지출도 해당 자산의 이용 편의를 위해 지출한 비용으로 볼 수는 있으나 가치를 현실적으로 증가시키지 않는 단순한 수익적 지출일 수도 있으니, 이를 잘 구별해야 한다.

K 씨는 집을 양도하기 전 인테리어 공사를 했다. 당초 세금에 대해 무지했던 터라 부가가치세 10%를 빼준다는 말에 세금계산서, 현금영수증 등 증빙 서류를 받지 않았고, 공사 견적서도 잃어버린 상태. 나중에 자본적지출로 인정받기 위해 세무사를 찾았지만 공사 견적서도 없기에 세무사가 도울 방법은 없었다.

자본적지출이 필요경비로써 인정받기 위해선 적격 증빙 자료가 있어야 한다. 즉, 계산서, 세금계산서, 신용카드 영수증, 현금 영수증 등을 잘 받아 보관해야 한다.

간혹 세금에 대해 잘 모르시는 분들이 영수증이 없어도 지출했다는 사실만으로 인정을 받기 위해 전문세무사를 찾지만 증빙 서류가 없다면 전문가도 달리 방도가 없다.

그러니 실제 지출 사실이 금융거래 증명 서류에 의해 확인되지 않으면 인정받을 수 없다는 점을 명심해야 한다.

• 자본적지출 해당 여부

과세표준	자본적지출	수익적 지출
본래의 용도를 변경하기 위한 개조	○	×
엘리베이터 또는 냉난방장치의 설치	○	×
빌딩 등의 피난시설 등의 설치	○	×
재해 등으로 인하여 건물 등이 멸실 또는 훼손되어 본래 용도로의 복구	○	×
기타 개량·확장·증설	○	×
벽지 또는 장판 교체 비용	×	○
외벽 도색 비용	×	○
문짝, 조명 교체 비용	×	○
파손된 유리 및 기와 교체 비용	×	○
하수도관 교체비 및 방수공사비	×	○
주택의 발코니·창틀(새시)	○	×
방 등 확장공사비(벽 해체)	○	×
토지 형질 변경 비용	○	×
난방시설 교체 비용	○	×

양도비용

양도비용은 부동산을 양도할 때 직접 지출한 비용을 말하는데, 예를 들어 중개수수료, 세무사에게 주는 양도소득세 신고 비용 등이 해당된다. 양도비용 역시 필요경비로 인정받기 위해서는 적격 증빙 자료를 잘 받아 보관하거나 실제 지출 사실이 금융거래 증명 서류에 의해 확인돼야 한다.

양도비용의 종류

- 양도소득세 과세표준 신고서 작성 비용

- 계약서 작성 비용

- 공증비용, 인지대 및 소개비

- 인도 의무를 이행하기 위하여 지출하는 명도 비용
  (매매계약에 따른 인도 의무 한정)

- 국민주택채권 매각 차손

- 증권거래세법에 따라 납부한 증권거래세

04

양도소득세 절세 ③
장기보유특별공제율을 높여라

**오래 보유하면
공제 혜택이**

2021년 12월 8일 소득세법이 개정되면서 1세대 1주택자의 양도소득세 비과세 기준이 9억 원에서 12억 원으로 상향 조정됐다. 비과세 요건을 채운 1주택자는 집을 양도할 때 12억 원 이하의 거래를 맺을 경우 양도소득세를 내지 않아도 된다.

　하지만 주택을 좀더 오래 보유하면 더 많은 혜택이 있다는 점도 잊지 말아야 한다. 장기보유특별공제는 부동산을 장기적으로 보유함에 따라 받는 혜택으로, 양도차익에 일정 금액을 공제해주는 제도다. 3년 이상 부동산을 보유할 경우 6%를 공제받을 수 있으며 매년 2%씩 추가된다. 각 상황별로 최소 6%부터 최대 80%까지 광범위한 공제율을 적용받을 수 있다.

**일반적인 경우
최대 30%까지 공제**

1세대 2주택 또는 3주택 이상으로써 중과되는 경우이거나 단기에 양도하는 경우에는 제외되지만 일반적인 경우에는 장기보유특별공제를 적용할 수 있으며 해당 공제율은 6~30%로 범위화되어 있다.

• 보유 기간에 따른 공제율

보유 기간	공제율
3년 미만	–
3년 이상 4년 미만	6%
4년 이상 5년 미만	8%
5년 이상 6년 미만	10%
6년 이상 7년 미만	12%
7년 이상 8년 미만	14%
8년 이상 9년 미만	16%
9년 이상 10년 미만	18%
10년 이상 11년 미만	20%
11년 이상 12년 미만	22%
12년 이상 13년 미만	24%
13년 이상 14년 미만	26%
14년 이상 15년 미만	28%
15년 이상	30%

1세대 1주택자는 보유 기간과 거주 기간을 합쳐 최대 80%까지

1세대 1주택자의 경우 장기보유특별공제에서 다주택자들보다 상당히 큰 공제율을 적용받는다. 이는 국민들의 주거 안정성에 초점을 두고 있기 때문이다. 단순히 보유 기간만을 기준으로 공제율을 산정하는 것이 아니라 거주 기간에 따른 공제율을 포함한 것이다. 즉, 보유 기간에 따른 장기보유특별공제율과 거주 기간에 따른 장기보유특별공제율을 합하여 적용을 받는다.

• 1세대 1주택의 보유 기간과
  거주 기간에 따른 공제율

보유 기간	공제율	거주 기간	공제율
2년 이상 3년 미만	–	2년 이상 3년 미만	8%■
3년 이상 4년 미만	12%	3년 이상 4년 미만	12%
4년 이상 5년 미만	16%	4년 이상 5년 미만	16%
5년 이상 6년 미만	20%	5년 이상 6년 미만	20%
6년 이상 7년 미만	24%	6년 이상 7년 미만	24%
7년 이상 8년 미만	28%	7년 이상 8년 미만	28%
8년 이상 9년 미만	32%	8년 이상 9년 미만	32%
9년 이상 10년 미만	36%	9년 이상 10년 미만	36%
10년 이상	40%	10년 이상	40%

■ 보유기간 3년 이상인 경우에 한정한다.

이럴 경우 공제가 배제된다

대한민국 전국이 투기과열지구라고 해도 과언이 아닐 정도로 부동산 가격이 상승했다. 그래서 투기를 억제하고자 장기보유특별공제를 제외하는 규정을 만들었다. 다주택자로 조정대상지역에 소재한 중과세 대상의 주택을 소유한 경우, 양도 자산이 등기가 되어 있지 않은 경우, 해외 소재 부동산의 경우에는 장기보유특별공제를 적용받지 못한다.

이 경우 장기보유특별공제가 적용되지 않음에 따라 양도차익과 양도소득금액이 같아지면서 양도소득세의 부담이 증가하게 된다.

장기보유특별공제가 배제되는 경우

- 1세대 2주택 또는 3주택 이상으로써 조정대상지역에
  소재한 중과세 대상 주택 등

- 미등기양도자산

- 국외 소재 양도 자산

양도소득세 계산해보기

사례를 통해서 양도소득세를 계산해보자. L 씨는 2006년 10월 1일 9억 원에 주택을 사서, 15년간 거주하다가 2021년 12월 27일 25억 원에 양도했다. 1세대 1주택 비과세 요건을 충족한 경우 양도소득세와 3주택자 중과세가 적용되는 경우의 양도소득세를 비교해보자.

- 1세대 1주택 비과세의 경우

구분	계산 방식	금액
① 양도가액		2,500,000,000원
② 취득가액		900,000,000원
③ 필요경비		50,000,000원
④ 양도차익	= ① - (② + ③)	1,550,000,000원
⑤ 비과세 양도차익	= ④ × 12억 원 ÷ ①	744,000,000원
⑥ 과세 양도차익	= ④ - ⑤	806,000,000원
⑦ 장기보유특별공제	= ⑥ × 공제율	644,800,000원

⑧ 양도소득금액	= ⑥ - ⑦	161,200,000원
⑨ 기본공제	연 1회 한정	2,500,000원
⑩ 과세표준	= ⑧ - ⑨	158,700,000원
⑪ 세율	6~45%	38%
⑫ 누진공제	각 구간별 공제액	19,400,000원
⑬ 산출세액	= (⑩ × ⑪) - ⑫	40,906,000원
⑭ 공제·감면세액		-
⑮ 지방소득세	= ⑬ × 10%	4,090,600원
⑯ 납부세액	= ⑬ - (⑭ + ⑮)	44,996,600원

1세대 1주택 비과세의 경우에는 비과세 양도차익과 장기보유특별공제를 유념해야 한다. 앞서 말한 것과 같이 비과세 양도차익의 경우 '양도차익 × 12억 원 ÷ 양도가액'의 방식을 통해서 계산한 후 양도차익에서 차감하며, 장기보유특별공제의 경우 거주 기간과 보유 기간을 합하여 각 연도별 4%씩을 곱하여 산정하도록 한다. 이 경우 15억 5,000만 원의 양도차익에서 세금으로 납부할 금액이 약 4,500만 원 미만으로, 약 15억 원의 이익을 얻었다고 할 수 있다.

3주택자의 경우 1세대 1주택 비과세의 경우와는 다르게 비과세 양도차익이 없으며 장기보유특별공제가 적용되지 않는다. 뿐만 아니라 기본세율에 20% 또는 30%를 가산한 세율이 적용되므로 세금 혜택을 받지 못한다. 즉, 25억 원에서 취득가액 9억

• 3주택자 중과세의 경우

구분	계산 방식	금액
① 양도가액		2,500,000,000원
② 취득가액		900,000,000원
③ 필요경비		50,000,000원
④ 양도차익	= ① - (② + ③)	1,550,000,000원
⑤ 장기보유특별공제	다주택자의 경우 배제	–
⑥ 양도소득금액	= ④ - ⑤	1,550,000,000원
⑦ 기본공제	연 1회 한정	2,500,000원
⑧ 과세표준	= ⑧ - ⑨	1,547,500,000원
⑨ 세율	기본세율 + 30%	75%
⑩ 누진공제	각 구간별 공제액	65,400,000원
⑪ 산출세액	= (⑩ × ⑪) - ⑫	1,160,625,000원
⑫ 공제·감면세액		–
⑬ 지방소득세	= ⑬ × 10%	116,062,500원
⑭ 납부세액	= ⑬ - ⑭ + ⑮	1,276,687,500원

원과 필요경비 5,000만 원을 뺀 15억 5,000만 원이 양도차익인
데 여기서 납부할 세금이 약 12억 7,000만 원 이상이다.

해당 사례의 경우 세금 혜택의 핵심은 비과세와 장기보유특
별공제인데, 다주택자의 경우 이 부분이 빠졌기 때문에 양도차
익의 대부분이 과세대상이라고 할 수 있다.

1세대 1주택자의 경우와 비교해서 세액에서 12억 원 이상이 차이가 난다고 할 수 있다.

잔금일을 조정하여 장기보유특별공제를 최대로

주택을 매각하면서 중과세가 이뤄지지 않는 경우에는 장기보유특별공제를 받을 수 있다. 보유 기간은 취득일로부터 양도일까지며, 거주 기간은 해당 주택에 전입한 날부터 퇴거일 또는 양도일까지다.

따라서 매각 전 보유 및 거주 기간 산정을 통해 잔금일을 언제로 설정해야 장기보유특별공제를 최대치로 받을 수 있는지 미리 체크해보는 것이 좋다.

약소한 기간 차이로 공제 혜택을 받지 못하거나 낮은 공제율을 적용받는다면 최대한 아낄 수 있는 돈을 지출하는 격이니, 이 부분을 잘 살피는 게 세테크의 전략이다.

05

양도소득세 절세 ④
사고팔 시기를 잘 판단하라

**양도 및 취득
시기에 따라
세율 산정 기준이
변한다**

살 때와 팔 때의 시기는 보유 기간을 산정할 때 매우 중요한 기점이 된다. 양도와 취득 시기에 따라 개정 규정의 적용 여부에 영향을 미칠 수 있고, 특히 보유 기간은 양도소득세 세율 및 장기보유특별공제 등에서 중요한 부분이다.

양도 및 취득 원인에 따라서 각 시기의 산정 기준이 변하기도 하는데 원인별로 양도 및 취득 시기가 언제인지 정확히 알아두는 것이 중요하다. 양도 및 취득 원인은 매매, 상속, 증여, 신축, 공익사업 수용 정도로 정리해보도록 하자.

매매의 경우 일반적으로 사고파는 거래로 등기 접수일, 잔금 청산일 중 빠른 날이 양도 및 취득 시기가 된다. 계약서상 잔금일과 실제 잔금일이 다르다면 실제 잔금일이 양도 및 취득 시기가 되므로 이를 염두에 둬야 한다.

상속의 경우 고인이 돌아가신 날에 재산에 대한 권리가 확정되므로 이 날이 상속개시일이 된다. 그래서 상속으로 받은 주택의 경우 상속개시일을 취득일로 정한다. 그렇다면 오래전에 돌아가셨으나 최근에 부동산 등기를 넘겨받은 경우는 어떨까? 오래전에 돌아가셨다고 할지라도 돌아가신 날(상속개시일)이 취득일이 된다.

증여의 경우 증여계약서를 작성하나 따로 대가를 주고받지 않으므로 잔금일이 없다. 따라서 증여가 이뤄지고 등기로 접수한 날이 취득일이 된다. 이는 등기사항증명서를 통해 확인할 수 있다.

주택을 신축하는 경우는 어떨까? 사용승인서 교부일(사용승인일)이 취득 시기가 된다. 사용승인이란 토지나 건물 등의 사용을 인정하는 것으로써 신축된 건물이 실제 주거용으로 사용해도 괜찮다는 서류다. 사용승인서 교부일을 어떻게 찾는지 궁금한 납세자가 많을 것 같은데, 관할 주민센터에서 건축물대장을 발급하면 사용승인일을 확인할 수 있다.

주택사업 지구에 포함되는 토지 및 부동산을 국가에 팔아야 하는 경우(공익사업 수용) 잔금일, 등기 접수일, 수용 개시일 중 빠른 날이 양도 시기가 된다. 최근 3기 신도시 등 수도권 및 지방에서 공공주택을 짓기 위해 수용이 빈번하게 일어나고 있는데, 토지 수용 보상금의 잔금일과 토지 등기 접수일, 수용사실확인

• 원인에 따른 양도 및 취득 시기

원인	내용
매매로 인한 양도·취득	등기 접수일, 잔금 청산일 중 빠른 날
상속으로 인한 취득	상속개시일
증여로 인한 취득	증여일(등기 접수일)
신축으로 인한 취득	사용승인서 교부일(사용승인일)
공익사업 수용에 따른 양도	잔금 청산일, 등기 접수일, 수용 개시일 중 빠른 날

원에서 찾아볼 수 있는 수용 개시일 중 빠른 날이 양도 시기이니 참고하도록 하자.

단기매매보다는 장기보유 후 매매

주택을 짧은 기간 보유하다가 양도하게 된다면 단기매매에 해당한다. 단기매매는 부동산 투기 세력으로 보아 비교적 높은 세 부담이 있다. 1년 미만 보유하고 양도하는 주택의 경우에는 77%(지방소득세 포함)의 세율을 적용받게 되며, 1년 이상 2년 미만 보유하고 양도하는 주택의 경우에는 66%(지방소득세 포함)의 세율을 적용받게 된다.

앞서 언급한 보유 기간의 계산은 취득일부터 양도일까지라고 설명했는데, 만약 몇 개월 차이로 일반세율을 적용받느냐 단기매매에 따른 66~77%를 적용받느냐가 정해진다면 너무나도 억울하지 않을까? 따라서 보유 기간을 명확하게 계산해서 양도 시점을 조율해보는 전략이 필요하다.

게다가 3년 미만 보유한 경우에는 장기보유특별공제도 적용될 수 없으니 단기매매는 장기매매에 비해서 많은 점이 불리하다.

양도차익이 적은 주택부터 팔자

양도소득세는 양도로 인해 얻은 소득에 대해 과세하는 세목으로 주택가격이 얼마나 올랐느냐에 따라서 세금이 정해진다. 그렇기 때문에 2주택 중과, 3주택 중과에 따른 높은 세율을 적용받더라도 양도차익이 크지 않다면 세금 부담도 적어진다.

예를 들어 보유세 부담이 커서 3채의 주택 중 1채를 양도하려고 한다. 그렇다면 시세가 가장 많이 오른 주택이 아닌 가장 적게 오른 주택을 팔 때 3주택에 따른 중과세를 적용받는다면 양도소득세가 생각보다 적게 나올 수 있다.

만약 시세 차익이 가장 큰 주택을 팔게 된다면 시세 차익의 상당 부분을 세금으로 낼 수도 있다. 그렇기 때문에 시세 차익이 적은 부동산부터 양도를 하는 것이 절세의 한 방법이다. 만약 다주택자라면 절세할 수 있는 양도 순서를 정하여 계획적으로 진행해야 한다.

연도를 달리해 1채씩 양도하는 것이 곧 세테크

양도소득세 과세기간은 매년 1월 1일부터 12월 31일까지다. 그런데 한 과세기간에 주택을 두 차례 이상 양도하게 되면 양도차익이 합산하여 과세됨에 따라 과세표준이 증가한다. 그렇다면 누진세율 또한 당연히 올라갈 수밖에 없다. 또한 기본공제도 250만 원 단 한 차례밖에 적용받지 못한다.

게다가 다음 연도 5월 말까지 합산신고 의무까지 발생하게 되니 처분이 급한 상황이 아니라면 연도를 달리하여 양도하는 것이 절세가 된다.

06

성실하게 납부하는 것이
절세의 기본이다

양도소득세의 끝은, 세금 납부

이 장에서는 양도소득세 신고는 언제까지 해야 하는지, 납부는 어떻게 해야 하는지 양도소득세에 대한 마침표를 설명하고자 한다. 양도소득세는 1차적으로 과세기간 전에 예상 세액을 신고하고 납부하는데, 이를 예정신고라 한다. 이를 진행한 후 다음 연도 5월까지 확정신고를 진행해야 한다. 예정신고를 통해서 세금을 조기에 확보하려고 하는 의도가 있으며 납세자가 세금을 미리미리 납부하여 세 부담을 완화하고자 하는 데에 의도가 있다.

✅ 예정신고

부동산을 양도하게 되면 양도일이 속하는 달의 말일부터 2개월이 되는 날이 신고 기한이다. 이 기한까지 관할 세무서에 가서 예정신고를 해야 한다. 간혹 1세대 1주택자로 비과세에 해당하기 때문에 양도소득세 자체를 신고하지 않으려는 분들이 계시나 신고하는 것을 권한다.

 1세대 1주택자이지만 비과세 요건을 충족하지 못해서 비과세를 적용받지 못하는 경우가 있는데 신고를 한 경우라면 과소신고에 대한 가산세가 10%를 적용받지만 신고를 하지 않을 경우 무신고에 대한 가산세 20%를 적용받게 된다. 따라서 양도차익이 없는 경우에도 반드시 신고를 하도록 권장한다.

뿐만 아니라 양도차손이 발생한 경우에도 예외 없이 신고를 추천한다. 과세기간(1월 1일~12월 31일) 동안 2건 이상의 부동산을 양도하게 되는 경우 합산해서 신고를 해야 하는데, 이때 양도차손이 있다면 합산을 통해 양도소득세가 절감될 수 있다.

◉ 확정신고

양도소득세 과세대상 자산을 양도한 사람은 양도소득세 과세표준을 다음 연도 5월 말일까지 신고해야 하며, 양도소득세 예정신고 기한 내에 예정신고를 한 자는 당해 소득에 대한 확정신고를 하지 않을 수 있다. 다만 2회 이상 예정신고를 한 경우 종합소득 합산신고를 진행해야 하므로 확정신고 의무가 있다.

확정신고를 하게 되면 과세표준을 합산하게 되고, 따라서 양도소득세 또한 추가해서 납부해야 한다.

신고나 납부를 안 하면 가산세를

혼자 무인도에 가서 살지 않는 한, 국민이라면 납세의 의무가 있기 마련이다. 세금을 통해 얻는 혜택도 있으니, 진정한 절세는 건전하게 세금을 납부하고 그에 대한 보호를 받는 것뿐이다. 물론 세 부담이 예상보다 가혹하다면 이것에 대한 완화 요청을 해야 할 것이다. 이것은 납세자의 권리기도 하다.

간혹 탈세나 탈루를 통해 자신의 자산을 보호하려고 하는 사람들이 있다. 몇 번은 잘 빠져나갈 수 있겠지만 대부분은 꼬리가 잡혀 추징금을 통해 환수당하곤 한다. 여기서 세금을 신고하지 않는 경우 가산세가 어떻게 되는지를 알아보자.

✅ 무신고 가산세

먼저 양도소득세에 대한 예정신고를 하지 않을 경우 세무서는 무신고에 따른 가산세 20%를 부과한다. 자료 전산화를 통해 과세대상 부동산의 등기사항증명서 변동내역이 세무서에 공유가 되며, 그로 인해 세무서는 무신고한 납세자를 찾아내므로 가산세를 낼 수밖에 없는 상황이다.

✅ 과소신고 가산세

양도소득세 신고를 하고 납부를 했다고 해서 가산세가 나오지 않는 것은 아니다. 정당하게 냈어야 할 세금보다 적게 신고한 경우 세무서는 과소신고에 따른 가산세 10%를 부과한다. 1세대 1주택 비과세인 줄 알고 신고했던 경우 또는 보유 기간을 착각해서 장기보유특별공제를 과다하게 반영하여 신고한 경우 등 여러 상황별로 과소신고 가산세 대상이 되니 정확한 세액 계산을 토대로 신고하도록 하자.

✅ 납부 지연 가산세

세금 납부를 하지 않은 경우는 어떻게 될까? 무신고와 과소신고 두 케이스 모두 적게 낸 세금에 대해서 납부가 될 때까지 지연이자가 붙는다. 이를 납부불성실가산세라 하며, 하루 2.2/10,000의 가산세율을 적용하고 있는데 연간 8.03%의 이자라고 생각하면 편하다. 막대한 가산율을 통해서 납세자의 납부를 고취하는 방안이다.

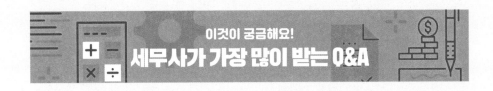

Q1 최근에 양도했던 주택이 1세대 1주택 비과세인 줄 알고 양도소득세를 신고했습니다. 그런데 알고 보니 소유하고 있던 오피스텔이 주택으로 취급이 되어 비과세를 적용할 수 없다고 합니다. 이 경우 수정신고를 하고 싶은데 빨리 신고한다면 가산세 감면 등 혜택이 있을까요?

A1 법정 신고 기한까지 신고한 납세자가 수정 신고를 하는 경우 각 기간별로 과소신고가산세의 일정 금액을 감면해줍니다. 따라서 잘못 판단하여 신고한 경우 최대한 빠른 시간 내에 수정신고를 하는 것이 좋습니다.

• 수정 신고에 따른 가산세 감면율

구분	감면율
신고 기한이 지난 후 1개월 이내	90%
신고 기한이 지난 후 1개월 초과 3개월 이내	75%
신고 기한이 지난 후 3개월 초과 6개월 이내	50%
신고 기한이 지난 후 6개월 초과 1년 이내	30%
신고 기한이 지난 후 1년 초과 1년 6개월 이내	20%
신고 기한이 지난 후 1년 6개월 초과 2년 이내	10%

Q2 최근 시골에 있는 토지를 손해를 보고 팔았는데, 양도차손을 양도차익과 합산할 수 있다는 정보를 들었습니다. 토지 양도차손을 언제까지 사용할 수 있나요?

A2 과세기간(매년 1월 1일~12월 31일) 동안 발생한 양도차손과 양도차익에 한정해서 합산이 가능합니다. 따라서 올해 발생한 양도차손은 연말까지만 합산이 가능하고 다음 연도부터는 없어지므로 양도할 자산이 있다면 과세기간에 맞춰서 양도에 대한 의사 결정이 필요합니다.

아는 만큼 보이는
세테크 6단계
-
비과세 편

01

비과세는
세레크의 핵심이다

**절세의 기본은
비과세 혜택을
얼마나 많이 받느냐에
따라 달라진다**

부동산 세금을 절약하는 최고의 방법은 비과세라고 생각한다. 우리나라는 대한민국의 주거 안정성을 위해 1세대 1주택자에 한해 세금 혜택을 많이 주고 있다. 즉 비과세 혜택을 많이 받는 것이 최고의 절세 방법이다.

그렇다면 1세대 1주택 비과세의 조건에 대해 알아보자. 1세대 1주택 비과세를 받기 위해서는 일정 요건을 갖춘 주택을 사고 팔아야 한다. 비과세 요건을 갖춘 1세대 1주택은 양도가액 12억 원까지는 비과세를 적용하며, 12억 원 초과분에 대해서는 일정 비율에 따른 양도소득세를 추가로 과세한다. 2021년 12월 비과세 기준 금액이 9억 원에서 12억 원으로 상향 조정됐고, 비과세 규정이 수시로 바뀜에 따라 향후 어떻게 조정될지 모르기 때문에 양도하기 전 세무사의 조언을 듣는 것이 좋다.

1세대 1주택 비과세 규정은 예외 규정이 많고 복잡하기 때문에 정확하게 알고 있어야 한다. 비과세인 줄 알았는데 양도한 후 비과세가 안 되어 세금 폭탄을 맞는 경우는 예상외로 흔하다.

• 1세대 1주택 자격 요건

구분	내용
1주택 요건	국내 1주택
1세대 요건	거주자인 1세대
보유 기간 요건	2년 이상 보유(2021년 1월 1일 이후 양도분부터 1주택이 된 때부터 2년 보유 충족)
거주 기간 요건	2년 이상 거주(조정대상지역 한정 / 2017년 8월 2일 이전 취득 주택의 경우 제외)

1세대의 요건은?

나순환 씨 부부는 각각 1주택을 소유하고 있는 1세대 2주택자다. 나순환 씨는 신용보증기금의 직원으로 2년 주기로 순환근무를 하고 있는데 최근 상반기 발령으로 강원도 원주에서 근무하게 되면서 부부가 따로 살게 됐다. 그런데 원주에 살아보니 삶의 질이 올라가면서 훗날 원주에서 노후생활을 해야겠다는 생각에 서울에 있는 집 1채를 팔려고 내놓았다. 그러던 중 1세대 1주택 비과세 혜택을 알아보면서 1세대의 범위가 어디까지인지 의문이 들었다. 현재 부부가 따로 살고 있으니 별도의 세대로 볼 수 있기 때문에 1세대 1주택 비과세를 받을 수 있을까 생각해 세무상담을 받아보니 부부는 거주지가 달라도 독립세대로 볼 수 없다는 결론이 나왔다.

간혹 나순환 씨의 경우처럼 세대 분리의 의미를 정확하게 인지하지 못하는 사람들이 종종 있다. '취득세 편'에서 간략하게 설명했지만 1세대를 가장 쉽게 설명하면 한집에 사는 가족을 말한다. 하지만 1세대의 범위는 매우 다양하기 때문에 정확하게 아는 것이 중요하다. 1세대는 자신의 부모님, 배우자, 자녀, 자신의 형제자매, 배우자의 형제자매, 자녀의 배우자(사위, 며느리)

등 한 주소지에서 생계를 같이 하면 1세대로 본다. 특히 법률상 이혼했으나 생계를 같이 하는 등 사실상 이혼한 것으로 보기 어려운 관계에 있는 사람도 포함한다. 즉, 부부는 거주지를 달리해도 1세대로 본다. 물론 이혼하는 경우는 남남이기 때문에 각각을 독립세대로 본다.

다른 예를 들어보자. 주민등록등본상 같은 주소지에 함께 기재된 부모와 자녀가 각각 1채씩의 주택을 소유하고 있다면 이 경우 1세대 2주택이 된다. 이럴 경우 비과세 혜택을 받을 수 없을 뿐더러 조정대상지역에 포함된 주택이라면 양도할 경우 다주택 중과세를 적용받는다.

이때 세대를 분리하면 어떨까? 각각 1세대 1주택으로 비과세 혜택을 받을 수 있다. 혹시 비과세 요건을 충족하지 못해서 비과세 혜택을 받지 못하더라도 중과세는 면할 수 있다. 절세의 방안으로 세대 분리도 고려해야 할 필수적인 사항이기 때문에 세대의 정의가 무엇인지, 예외조항은 어떻게 구성되어 있는지 정확하게 아는 것이 중요하다.

✅ 1세대의 범위
1세대, 즉 동일 세대로 보는 범위는 본인과 배우자 모두를 기준

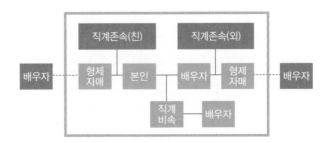

으로 하며, 직계존비속 및 그 배우자나 형제자매를 포함한다. 다
만, 형제자매의 배우자까지는 동일 세대로 보고 있지 않다.

✅ 생계를 같이하는 가족의 범위

양도일 현재 생계를 같이한다는 의미는 주민등록상 기재를 별
개로 치더라도 일상생활에서 동일한 생활자금으로 생활하는 것
을 말한다. 따라서 동일한 주소지에 거주하더라도 별도의 소득
원을 가지고 경제적으로 독립하는 등 생활자금이 구분되어 있
거나 공과금을 각자 부담하며 별도로 생계를 유지한다면 별도
세대로 볼 수도 있다는 다수의 사례가 있었다.

　다만 취학, 질병, 근무상 또는 사업상 형편으로 일시적으로 퇴
거한 사람은 세대 분리된 것으로 보지 않고 가족에 포함한다.

동일 주소지에 거주하더라도
각자의 소득으로 독립된 생계를
유지하는 경우 별도세대로
본다는 내용의 조세심판원의
결정 내용이다.
(출처 국세법령정보시스템)

세대 분리 요건을 갖춘 자녀가
생활공간이 구분된 주택에서
거주한 것을 각각 독립세대로 본
조세심판원의 결정 내용이다.
(출처 국세법령정보시스템)

- 취학　　● 질병의 요양　　● 근무상 또는 사업상 형편

✅ 독립세대

그렇다면 자녀가 독립세대로 인정받기 위해선 어떤 요건이 필요할까? 우선 결혼을 전제로 배우자의 유무를 통해 정한다. 세법에서는 배우자가 없는 독립세대는 인정하지 않는다. 그렇다면 요즘 1인 가구가 점점 늘어가는 상황에서 독신가구가 세대 분리를 할 수 없다면 세 부담에서 형평성을 찾기 어려울 것이다. 법이 현실을 쫓아가지 못하는 상황은 늘 있어왔지만 어떤 조항이든 예외 규정이 있다.

　독립세대는 거주자의 연령이 30세 이상이거나 배우자가 사망하거나 이혼하거나 소득이 1인 가구 기준 약 월 78만 원(중위소득＊의 100분의 40) 정도 이상으로 주택 또는 토지를 관리하고 유지하면서 독립된 생계를 꾸려 나갈 수 있을 때 독립세대로 인

■
2022년 1인가구의 중위소득은 1,944,812원이다.

독립세대로 인정하는 경우

- 거주자의 연령이 30세 이상인 경우

- 배우자가 사망하거나 이혼한 경우

- 소득이 중위소득의 100분의 40 수준(1인 가구 약 월 78만 원 정도) 이상으로 소유하고 있는 주택 또는 토지를 관리하고 유지하면서 독립된 생계를 유지할 수 있는 경우

정을 받을 수 있다. 이때 미성년자는 제외한다.

양도일 현재의 기준은?

주택 양도 시점에서 중요한 것은 세대를 판단하는 것이다. 특히 1세대 1주택 비과세는 양도일 현재를 기준으로 판단한다. 따라서 여러 주택을 보유했다고 하더라도 양도일 현재 1세대 1주택이라면 비과세가 가능하다. 그래서 세법에선 시기가 중요하다는 말이 여기서 나온다. 때를 잘못 판단하면 세금 폭탄이 될 수 있고, 때를 잘 맞추면 절세가 되기도 한다.

매매시 양도일은 잔금일과 소유권 이전등기 접수일 중 빠른 날을 우선으로 한다. 잔금을 치르기 전 소유권 이전을 해주는 경우가 없기에 대부분은 잔금을 완납한 날이 양도일 현재가 될 것이다.

수차례 개정된 주택 보유 기간

앞에서 양도소득세 세테크 측면에서 보유 기간을 설명했지만 여기서 더 중점적으로 설명하고자 한다. 부동산 경기에 따른 1세대 1주택 비과세 보유 요건의 개정은 수차례 변경됐다. 기존에는 3년이었으나 기간이 너무 길어 납세자들이 실질적으로 적용받기 어려웠기 때문에 비과세 혜택을 늘리고자 2년으로 축소됐다.

• 주택 보유 기간 개정 과정

연도	2011년 6월 2일 이전	2011년 6월 3일 이후	2012년 6월 29일 이후	2017년 8월 3일 이후
기간	3년 보유	3년 보유	2년 보유	2년 보유

2021년부터 비과세 적용받으려면 보유 기간은 1주택이 된 때부터 계산해야

1세대 1주택 비과세 주택의 보유 기간은 2년 이상이어야 한다. 주택의 보유 기간은 원칙적으로 주택의 취득일부터 양도일까지 계산한다. 다만, 2021년 1월 1일부터는 2주택 이상을 보유한 1세대가 1채만 남겨두고 다른 주택을 처분한 경우에는 1주택을 보유하게 된 날부터 보유 기간을 계산하도록 개정됐다.

이때 주택을 모두 처분한다는 의미는 집을 매매하거나 자식에게 증여하거나 주택의 용도를 변경(건축법에 따른 용도 변경을 말하며, 주거용을 업무용 건물로 변경하는 경우도 포함)하는 것을 뜻한다.

해당 규정이 도입되고 얼마 안 돼서 많은 잡음을 초래했다. 너무 급하게 법을 제정했을 뿐만 아니라 구체적인 내용 및 시행 시기에 따라서 의문인 부분이 많았기 때문이다. 2021년부터 시행했던 해당 규정이 2020년에 양도한 주택에 대해 영향을 받는지 혹은 받지 않는지, 그렇다면 일시적 2주택 비과세 특례를 적용하면 해당 규정이 어떻게 적용되는지 명확하지 않았으나 이에 따라 기획재정부 및 국세청은 수차례 해석을 발표했으며 현재 어느 정도는 안정화된 상황이다. 그럼 여기서, 여러 사례를 통해 보유 기간을 어떻게 산정해야 하는지 좀더 자세히 알아보자.

✅ 사례 1 (기획재정부재산-194, 2020.02.18. 사례)

가보유 씨는 3주택을 보유하고 있다. 과세대상인 C주택을 양도하고 남은 주택이 일시적 2주택이 된 상태에서 A주택을 양도하려고 한다. 이 경우 A주택의 보유 기간을 어떻게 계산해야 할까?

A주택의 보유 기간은 주택 취득일인 2015년 10월부터 계산한다. 이미 일시적 1세대 2주택이 성립된 상태에서 새로운 규정이 적용되어도 특례 적용을 통해 보유 기간 계산시 주택 취득일부

A주택	B주택	C주택	C주택	A주택
2015년 10월 취득	2019년 2월 취득	2019년 5월 취득	2020년 10월 양도(과세)	2021년 이후 양도 (일시적 2주택)

터 계산한다.

✅ **사례 2 (기획재정부재산-194, 2020.02.18. 사례)**

나보유 씨는 A주택과 B주택을 소유하여 일시적 2주택인 상태다. 종전 주택인 A주택을 일시적 2주택 비과세 특례에 따라서 양도소득세 비과세를 적용받아 B주택만 보유하고 있는 1세대 1주택자가 된 후 다시 C주택을 취득하여 일시적 2주택 비과세 특례를 받고자 한다. 이 경우 B주택의 보유 기간은 어떻게 계산해야 할까?

A주택	B주택	A주택	C주택	B주택
2015년 10월 취득	2017년 5월 취득	2018년 6월 양도(비과세)	2018년 7월 취득	2021년 4월 양도 (일시적 2주택)

종전 주택인 B주택의 보유 기간은 주택 취득일인 2017년 5월부터 계산한다. 일시적 1세대 2주택 비과세 특례가 적용된 경우 1주택으로 보아 과세하므로 B주택의 취득일부터 보유 기간을 계산한다.

✅ 사례 3 (기획재정부재산-953, 2021.11.02. 사례)

다보유 씨는 A주택과 B주택을 보유하고 있다. 2020년 C주택을 취득한 후 2020년 12월 A주택을 양도했는데, 그렇다면 2021년 B주택을 양도하게 되는 경우 B주택의 보유 기간은 어떻게 계산해야 할까?

A주택	B주택	C주택	A주택	B주택
2011년 4월 1일 취득	2015년 5월 1일 취득	2020년 12월 30일 취득	2020년 10월 1일 양도(과세)	2021년 12월 1일 양도

B주택의 보유 기간은 B주택의 취득일인 2015년 5월 1일부터 계산한다. 비록 A주택을 양도할 때 1세대 3주택자라서 비과세를 적용받지는 못했으나 2021년 1월 1일 현재 일시적 2주택인 1세대 요건을 충족하기 때문에 B주택 취득일부터 보유 기간을 계산한다.

☑ 사례 4 (기획재정부재산-953, 2021.11.02. 사례)

라보유 씨는 A주택과 B주택을 보유하고 있다. 2020년 C주택을 취득한 후 2021년 A주택을 양도했는데, 그렇다면 B주택을 양도하게 되는 경우 B주택의 보유 기간은 어떻게 계산해야 할까?

A주택	B주택	C주택	2021년 1월 1일 (세법 개정)	A주택	B주택
2011년 4월 1일 취득	2015년 5월 1일 취득	2020년 12월 30일 취득		2021년 4월 1일 양도(과세)	2021년 12월 1일 양도

　　B주택의 보유 기간은 A주택의 양도일인 2021년 4월 1일부터 계산한다. A주택을 양도할 때 1세대 3주택자라서 비과세를 적용받지 못했으므로 A주택의 양도일부터 보유 기간을 계산해야 한다. 따라서 B주택의 보유 기간이 2년에 한참 모자라므로 양도하더라도 일시적 1세대 2주택 비과세 적용이 불가능하다.

　　위 사례 3과 사례 4의 사실관계는 상당히 유사하며 단순히 A주택의 양도 시기만 다르게 구성되어 있다. 하지만 보유 기간 개정 규정의 경우 2021년 1월 1일부터 시행하므로 시행일 현재 어떤 상황인지에 따라서 보유 기간 계산이 달라진다. 따라서 A주택을 2021년 1월 1일을 기준으로 기준일 이전에 양도하는지 기준일 이후에 양도하는지에 따라 보유 기간이 다르다 보유 기간 개정 규정이 2021년 1월 1일부터 시행하므로 시행일 이전에 A주택을 양도하고 2021년 1월 1일 현재 B주택과 C주택이 일시적 1세대 2주택 비과세가 성립됐다면 B주택의 보유 기간 기산점을 B주택의 취득일로 본다.

그런데 시행일 이후에 A주택을 양도하게 되어 2021년 1월 1일 현재 B주택과 C주택이 일시적 1세대 2주택 비과세가 성립되지 않았다면 B주택의 보유 기간 기산점을 A주택의 양도일로 보게 된다.

보유 기간과 거주 기간은 엄연히 다르다

보유 기간과 거주 기간은 다르다. 보유는 그 집에 살지 않고 임대로 돌리더라도 보유 기간에 산정되지만, 거주 기간은 그 집에 꼭 들어가서 살아야만 기간에 포함된다. 거주 기간은 주민등록표 등본에 따른 전입일부터 전출일까지의 기간을 말하며 실제 거주한 주택과 주민등록상 전입한 주택이 다른 경우에는 거주했다는 사실을 입증해야 한다.

거주 기간 또한 보유 기간과 마찬가지로 부동산 경기에 맞춰서 완화와 강화를 수차례 반복했다. 당초에는 서울 및 과천 5대 신도시의 경우에만 2년 거주 요건이 있었으나, 해당 규정이 삭제

• 거주 기간 요건

연도	2011년 6월 2일 이전	2011년 6월 3일 이후	2012년 6월 29일 이후	2017년 8월 3일 이후
기간	2년 거주	삭제		2년 거주
비고	서울·과천 5대 신도시			조정대상지역

됐다가 현재에는 조정대상지역으로 한정해서 2년 거주 요건을 두고 있다.

조정대상지역 속 주택은 2년 이상 거주해야

2017년 8월 2일 부동산 대책이 발표되면서 취득 당시 조정대상 지역에 있는 주택은 보유 기간 중 거주 기간이 2년 이상인 경우 에만 비과세를 적용하도록 개정됐다.

거주 기간이 취득 당시 조정대상지역에 속해 있는지에 따라 적용되기 때문에 추후 양도 당시 조정대상지역에서 해제되더라 도 취득 당시 조정대상지역에 있는 주택은 거주 기간 2년 요건을 충족해야 한다.

다만, 납세자들의 권리 보호를 위해 2017년 8월 2일 이후에 취득한 주택일지라도 2017년 8월 2일 이전에 매매계약을 체결 하고 계약금을 지급했다면 증빙 서류를 확인하고, 계약금 지급 일 당시 무주택 1세대인 경우 거주 요건을 적용하지 않고 있다.

보유와 거주 기간에 따른 비과세 적용 여부

- 조정대상지역 외 주택을 취득한 경우 : 2년 이상 보유하고 팔면 비과세
- 조정대상지역 내 주택을 취득한 경우 : 보유 기간 중 2년 이 상 거주하고 팔아야 비과세

보유와 거주 기간을 제한받지 않는 경우

기본적으로 1세대 1주택 비과세 혜택을 받기 위해선 비조정대상 지역인 경우 2년 이상 보유하고, 조정대상지역인 경우 2년 이상 보유 및 거주해야 한다. 하지만 모든 사람에게 일괄적으로 보유나 거주 기간에 대해 제재를 한다면 불이익이 따를 수밖에 없다.

어쩔 수 없이 양도한 경우에도 이러한 제재를 가한다면, 막대한 세금으로 인해 주거 안정이 흔들리기 마련이다. 이러한 불합리함을 막기 위해 보유 및 거주 기간을 적용하지 않는 예외 사항을 두고 있다.

예외 사항에 대해 하나하나 알아보자. ①~④는 보유 및 거주 기간의 제한을 적용받지 않으며, ⑤와 ⑥은 거주 요건을 적용받지 않는다.

① 임대주택이 분양 전환됐을 때(보유 및 거주 기간 적용X)

LH에서 주관하는 공공임대주택이나 민간임대주택이 임대주택에서 분양으로 전환되는 경우가 있다. 이렇게 분양이 전환된 주택을 취득했다면 세대원 모두 임차일부터 양도일까지 5년 이상 거주한 경우에는 2년 보유 및 거주 요건에 대해 적용을 받지 않는다.

- 민간임대주택에 관한 특별법에 따른 민간건설임대주택 또는 공공주택 특별법에 따른 공공건설임대주택을 취득하여 양도하는 경우로써 해당 건설임대주택의 임차일부터 해당 주택의 양도일까지의 기간 중 세대 전원이 거주(취학, 근무상의 형편, 질병의 요양, 그 밖에 부득이한 사유로 세대의 구성원 중 일부가 거주하지 못하는 경우 포함)한 기간이 5년 이상인 경우

② 국가의 공익사업으로 수용될 때(보유 및 거주 기간 적용X)

집 근처에 도로가 생기거나 전철이 개통되고, 공공주택단지가 건설되는 등의 경우에는 본인의 주택 전부 혹은 일부를 국가에서 수용할 때가 있다. 이 경우에는 2년 보유 및 거주 요건에 적용 받지 않는다.

- 주택 및 그 부수토지(사업인정 고시일 전에 취득)의 전부·일부가 「공익사업을 위한 토지 등의 취득 및 보상에 관한 법률」에 의한 협의매수·수용 및 그밖의 법률에 의하여 수용되는 경우

③ 가족 전체가 해외로 이주할 때(보유 및 거주 기간 적용X)

가족 전체가 해외로 이주하거나 또는 기타 사유로 1년 이상 국외 거주를 필요한 경우 부득이하게 국내 거주가 힘들기 때문에 보유 및 거주 요건에 적용을 받지 않는다. 다만, 출국일 당시 1세대 1주택이어야 하며, 출국일로부터 2년 이내에 양도하는 경우에만 요건에 예외를 두고 있다.

- 「해외이주법」에 따른 해외 이주로 세대 전원이 출국하는 경우 또는 1년 이상 계속하여 국외 거주를 필요로 하는 취학 또는 근무상의 형편으로 세대 전원이 출국하는 경우. 다만, 출국일 현재 1주택을 보유하고 있는 경우로써 출국일부터 2년 이내에 양도하는 경우에 적용

④ 취학이나 근무 또는 질병 요양으로 양도할 때
   (보유 및 거주 기간 적용X)

학교나 직장 또는 질병 요양으로 인해 1년 이상 거주한 주택을 양도해야 할 경우 보유 및 거주 요건에 적용을 받지 않는다. 세대 구성원 중 일부 또는 전원이 다른 시나 군으로 주거를 이전하는 경우에 해당해야 한다.

- 1년 이상 거주한 주택을 기획재정부령으로 정하는 취학, 근무상의 형편, 질병의 요양, 그 밖에 부득이한 사유로 양도하는 경우

- 학교에 취학

- 직장의 변경이나 전근

- 1년 이상의 치료나 요양

- 학교폭력으로 인한 전학

⑤ 보유하던 주택을 임대할 경우(거주 기간 적용X)

보유하고 있는 주택을 전세나 월세로 임대할 경우 거주 요건에 적용을 받지 않는다. 2019년 12월 16일 이전에 임대사업자로 등록을 신청한 경우에만 해당한다. 다만 임대사업자의 경우 임대 의무기간(현재 10년)을 유지해야 하며 임대보증금 또는 임대료의 연증가율이 5%를 초과하는 경우는 제외하고 있다.

- 거주자가 해당 주택을 임대하기 위하여 소득세법 제168조 제1항에 따른 등록과 「민간임대주택에 관한 특별법」 제5조에 따른 임대사업자 등록을 한 경우(2019.12.16. 이전에 해당 주택을 임대하기 위해 소득세법상 사업자 등록과 민간임대주택법상 임대사업자로 등록을 신청한 경우에 한정). 다만, 「민간임대주택에 관한 특별법」을 위반하여 임대 의무 기간 중에 해당 주택을 양도하는 경우와 임대보증금 또는 임대료의 연 증가율이 5%를 초과하는 경우는 제외

⑥ 무주택자가 조정대상지역 지정일 전에 매매계약을 체결하고 계약금을 지급하는 경우(거주 기간 적용X)

계약일 현재 무주택자가 조정대상지역으로 지정되기 전에 매매계약을 하고 계약금을 지급한 사실이 이체 내역 등에 의하여 확인되는 경우에는 거주 요건에 적용을 받지 않는다. 이는 갑작스러운 부동산 대책을 통해 피해를 보는 납세자들을 최소화하고자 마련된 규정이다.

- 거주자가 조정대상지역의 공고가 있는 날 이전에 매매계약을 체결하고 계약금을 지급한 사실이 증빙서류에 의하여 확인되는 경우로써 해당 거주자가 속한 1세대가 계약금 지급일 현재 주택을 보유하지 아니하는 경우

02

1세대 2주택자의 1·2·1(3) 세테크 전략

**2주택자라도
1년 또는 3년 안에
팔면 비과세**

기본적으로 비과세 혜택은 1세대 1주택자에게 적용하지만 살다 보면 이런저런 일들이 생긴다. 투기 목적이 아닐지라도 증여나 상속 혹은 동거봉양, 혼인 등 불가피한 상황으로 2주택 혹은 3주택을 소유하게 될 때가 있다. 이럴 때마다 중과세를 적용받는다면 집을 소유하고 있다는 것만으로 세금 폭탄을 맞을 수가 있다. 그래서 국가는 주거 안정을 위한 조치로 이러한 불이익을 줄이기 위해 일시적인 혜택을 주고 있다.

가장 흔한 예로 1주택자가 여러 이유로 이사를 해야 하는데, 우선 집을 마련하기 위해 신규 주택을 취득할 경우 일시적으로 2주택자가 된다. 이럴 경우 종전 주택을 일정 기간 내에 팔면 비과세 혜택을 받을 수 있다.

일시적 1세대 2주택 비과세에서 중요한 부분은 연도라고 할 수 있다. 종전 주택을 취득하고 1년 후에 신규 주택을 취득해야 하고, 종전 주택은 양도 시점에서 2년 이상 보유(조정대상지역이라면 보유 기간 중 2년 거주)해야 하고, 종전 주택은 신규 주택 취득일로부터 1년 이내(비조정대상지역의 경우 3년)에 양도하고 전입해야 한다.

　즉, 일시적 1세대 2주택 비과세를 적용받기 위해선 1년 후, 2년 이상, 1년(3년) 이내를 절대로 잊지 말아야 한다.

조정대상지역의 일시적 1세대 2주택 비과세

※ 여기서 조정대상지역의 경우 종전 주택과 신규 주택 둘 다 조정대상지역에 있는 경우를 말한다.

비조정대상지역의 일시적 1세대 2주택 비과세

※ 여기서 비조정대상지역은 종전 주택과 신규 주택 중 1채라도 비조정대상지역에 있는 경우를 말한다.

상황에 따라 달라지는 세법 해석

일시적 1세대 2주택의 비과세 적용은 잦은 법 개정으로 인해 상황별로 적용되는 양도 기한이 다르며 상당히 복잡하다.

2018년 9월 13일 이전에는 조정대상지역이든 그 외 지역이든 양도 기한이 3년이었다. 즉, 종전 주택을 신규 주택 취득일로부터 3년 이내에 처분하면 비과세 적용을 받았다.

이후 2018년 9월 14일부터 조정대상지역은 2년 이내, 그 외 지역은 3년 이내에 처분해야 했고, 이 규정이 2019년 12월 16일까지 시행되다가 2019년 12월 17일 이후부터 조정대상지역은 1년 이내 처분 및 전입이나 이사, 그 외 지역은 3년 이내에 처분하도록 법이 개정됐다.

● 종전 주택 양도 기한 연혁

구분 (신규 주택 취득일)	종전 주택 양도 기한	
	조정대상지역■	그 외 지역
2018년 9월 13일 이전	3년	
2018년 9월 14일~ 2019년 12월 16일	2년	3년
2019년 12월 17일 이후	1년(이사·전입)	3년

■ 종전 주택과 신규 주택 모두 조정대상지역에 소재하는 경우를 말함

과세관청은 일시적 1세대 2주택 비과세를 적용할 때 납세자들의 혼란을 막기 위해서 세법 해석(기획재정부재산-512, 2021.05.25.)을 발표했는데, 해석에 따르면 개정 이전에 주택의 취득 계약을 한 경우에는 양도 기한을 적용하는 방식이 다르니 개정된 사항을 확인하고 본인의 상황이 어떤지 파악해야 세금 참사를 막을 수 있다.

종전 주택을 보유한 상황에서 신규 주택을 계약할 때

종전 주택을 보유한 상황에서 신규 주택을 계약할 때 '신규 주택의 계약일'을 기준으로 일시적 1세대 2주택 비과세 요건에 맞는지 양도 기한을 판정한다.

예를 들어보자. 나양도 씨는 종전 주택을 보유하고 있는 상태에서 새로운 주택을 취득하고자 신규 주택 취득 계약을 했다. 신규 주택의 계약일이 2018년 9월 1일인 경우 몇 년 이내에 종전 주택을 양도해야 비과세를 적용받을 수 있을까?

결론은 3년이다. 신규 주택의 계약일이 2018년 9월 13일 이전이므로 종전 주택과 신규 주택이 조정대상지역에 소재하든, 비조정대상지역에 소재하든 동일하게 3년 이내에 양도해야 비과세를 적용받을 수 있다.

● 각 주택 소재 지역에 따른 양도 기한(2018년 9월 13일 이전)

구분		신규 주택	
		조정대상지역 소재	그 외 지역 소재
종전 주택	조정대상지역 소재	3년	3년
	그 외 지역 소재	3년	3년

만약 나양도 씨가 종전 주택(조정대상지역 소재)을 보유하고 있는 상태에서 새로운 주택을 취득하고자 신규 주택(조정대상지역 소재)의 취득 계약을 진행했다고 가정해보자. 신규 주택의 계약일이 2019년 1월 5일인 경우 몇 년 이내에 종전 주택을 양도해야 비과세를 적용받을 수 있을까?

결론은 2년이다. 신규 주택의 계약일이 2018년 9월 14일부터 2019년 12월 16일 사이인 경우 종전 주택과 신규 주택 모두 조정대상지역에 소재했다면 2년 이내에 종전 주택을 양도해야 비과세를 적용받을 수 있다. 만약 종전 주택 또는 신규 주택이 비조정대상지역에 소재한다면 3년을 적용받을 수 있다.

● 각 주택 소재 지역에 따른 양도 기한(2018년 9월 14일 ~2019년 12월 16일 사이)

구분		신규 주택	
		조정대상지역 소재	그 외 지역 소재
종전 주택	조정대상 지역 소재	2년	3년
	그 외 지역 소재	3년	3년

그렇다면 나양도 씨가 종전 주택(조정대상지역 소재)을 보유하고 있는 상태에서 새로운 주택을 취득하고자 신규 주택(조정대상지역 소재) 취득 계약을 했는데 신규 주택의 계약일이 2020년 5월 8일인 경우 몇 년 이내에 종전 주택을 양도해야 비과세를 적용받을 수 있을까?

결론은 1년이다. 1년 이내 신규 주택에 이사 및 전입을 완료해야 한다. 신규 주택의 계약일이 2019년 12월 17일 이후인 경우 종전 주택과 신규 주택이 모두 조정대상지역에 소재했다면 종전 주택을 1년 이내 양도 및 신규 주택에 1년 이내 이사나 전입해야 비과세를 적용받을 수 있다.

다만, 신규 주택 취득 당시 이미 거주하고 있는 임차인이 있는 경우에는 1년 이내 전입이 불가능할 수 있으므로 최대 2년까지 전입을 유예할 수 있다. 만약 종전 주택 또는 신규 주택이 비조정대상지역에 소재한다면 3년을 적용받을 수 있다.

- 각 주택 소재 지역에 따른 양도 기한 (2019년 12월 17일 이후)

구분		신규 주택	
		조정대상지역 소재	그 외 지역 소재
종전 주택	조정대상지역 소재	1년 (이사·전입)	3년
	그 외 지역 소재	3년	3년

신규 주택을 계약한 상황에서 종전 주택을 취득할 때

종전 주택이 없는 상태에서 신규 주택을 먼저 계약했으나 종전 주택을 먼저 취득하고 신규 주택이 추후 취득된 상태인 경우 '종전 주택의 취득일'을 기준으로 일시적 1세대 2주택 비과세 요건에 맞는지 양도 기한을 판정한다.

사례를 통해 이해해보자. 나양도 씨는 신규 주택 계약을 한 상태에서 종전 주택을 먼저 취득했다. 그 후 신규 주택의 잔금일 또는 완공일이 되어 신규 주택을 취득했는데 종전 주택의 취득

신규 주택	종전 주택	신규 주택
계약	취득	취득

※ 2018년 9월 13일 이전 : 3년 내 처분
※ 2018년 9월 14일 ~ 2019년 12월 16일 : 2년 내 처분
※ 2019년 12월 17일 이후 : 1년 내 처분 및 1년 이내 전입

일이 2018년 9월 1일인 경우 몇 년 이내에 종전 주택을 양도해야 비과세를 적용받을 수 있을까?

결론은 3년이다. 종전 주택의 취득일이 2018년 9월 13일 이전이므로 종전 주택과 신규 주택이 조정대상지역에 소재하든, 비조정대상지역에 소재하든 동일하게 3년 이내에 양도해야 비과세를 적용받을 수 있다.

• 각 주택 소재 지역에 따른 양도 기한
(2018년 9월 13일 이전)

구분		신규 주택	
		조정대상지역 소재	그 외 지역 소재
종전 주택	조정대상 지역 소재	3년	3년
	그 외 지역 소재	3년	3년

만약 나양도 씨가 신규 주택(조정대상지역 소재) 계약을 한 상태에서 종전 주택(조정대상지역 소재)을 먼저 취득했다. 그 후 신규 주택의 잔금일 또는 완공일이 되어 신규 주택을 취득하게 됐는데, 종전 주택의 취득일이 2019년 1월 5일인 경우 몇 년 이내에 종전 주택을 양도해야 비과세를 적용받을 수 있을까?

결론은 2년이다. 종전 주택의 취득일이 2018년 9월 14일부터 2019년 12월 16일 사이인 경우 종전 주택과 신규 주택 모두 조정대상지역에 소재했다면 2년 이내에 종전 주택을 양도해야 비과세를 적용받을 수 있다.

만약 종전 주택의 취득일 또는 신규 주택의 계약일 또는 취득일에 비조정대상지역에 소재한다면 3년을 적용받을 수 있다.

• 각 주택 소재 지역에 따른
양도 기한(2018년 9월 14일
~2019년 12월 16일 사이)

구분		신규 주택	
		조정대상지역 소재	그 외 지역 소재
종전 주택	조정대상 지역 소재	2년	3년
	그 외 지역 소재	3년	3년

그렇다면 나양도 씨가 신규 주택(조정대상지역 소재) 계약을 한 상태에서 종전 주택(조정대상지역 소재)을 먼저 취득했다. 그 후 신규 주택의 잔금일 또는 완공일이 되어 신규 주택을 취득하게 됐는데, 종전 주택의 취득일이 2020년 5월 8일인 경우 몇 년 이내에 종전 주택을 양도해야 비과세를 적용받을 수 있을까?

결론은 1년이다. 1년 이내 신규 주택에 이사 및 전입을 완료해야 한다. 종전 주택의 취득일이 2019년 12월 17일 이후인 경우 종전 주택과 신규 주택이 모두 조정대상지역에 소재했다면 종전 주택을 1년 이내 양도 및 신규 주택에 1년 이내 이사나 전입해야 비과세를 적용받을 수 있다. 만약 종전 주택의 취득일 또는 신규 주택의 계약일 또는 취득일에 비조정대상지역에 소재한다면 3년을 적용받을 수 있다.

• 각 주택 소재 지역에 따른
양도 기한
(2019년 12월 17일 이후)

구분		신규 주택	
		조정대상지역 소재	그 외 지역 소재
종전 주택	조정대상 지역 소재	1년 (이사·전입)	3년
	그 외 지역 소재	3년	3년

03

임대주택이 있어도
비과세 혜택을 받을 수 있다

거주 주택 특례

주택을 많이 가진 사람은 모두 비과세 혜택을 받지 못할까? 그렇지 않다. 임대주택을 보유하고 있는 경우 비과세를 적용받을 수 있다. 바로 '거주 주택 특례'를 활용하는 것이다. 장기임대주택을 보유한 사람이 거주 주택을 양도하는 경우 장기임대주택을 보유하고 있음에도 불구하고 1세대 1주택으로 보아 비과세를 적용받을 수 있다.

물론 거주 주택 비과세 혜택을 받기 위해선 양도일 현재 2년 이상 보유하고 2년 이상 거주해야 한다. 취득일로부터 양도일까지 보유 기간 중 2년 이상 거주하면 되는데 거주 주택에 대해서는 주택의 규모나 금액 등의 제한이 없으므로 고가주택도 적용받을 수 있다.

여기서 잠깐, 간혹 조정대상지역으로 지정되기 전에 취득한 주택은 거주하지 않아도 된다고 생각할 수 있겠지만 임대주택이 있는 상황에서 거주 주택 특례를 받기 위해선 반드시 2년 이상 거주해야 한다.

장기임대주택 3채   +   거주 주택
(2년 거주 필요)

거주 주택
양도

거주 주택
비과세 적용

장기임대주택을 통해 비과세 혜택을 받으려면

장기임대주택을 통해 비과세 혜택을 받기 위해 체크해야 할 부분 5가지를 모았다. 첫 번째, 임대사업자로 등록해야 한다. 장기임대주택은 '소득세법'에 따라 세무서에 사업자 등록을 하고 '민간임대주택에 관한 특별법'에 따라 관할 시나 군, 구청에 민간임대주택으로 등록을 한 뒤 임대사업을 해야 한다. 즉, 구청과 세무서에 각각 임대사업 관련 사업자 등록을 해야 한다.

두 번째, 임대 개시일 당시 임대주택의 기준 시가가 수도권 6억원, 비수도권은 3억 원 이하여야 한다. 임대 개시일은 임대주택으로 등록한 후 실제 임대 시작일을 말한다. 임대차계약서에 기재된 일자를 기준으로 하며, 이미 세입자가 살고 있는 경우라면 임대주택 사업자로 등록한 날이 임대 개시일이 된다.

세 번째, 임대 기간이 5년(8년 또는 10년) 이상이어야 한다. 임대 기간은 임대 개시일부터 계산을 하는데, 그 기간이 5년 이상이어야 하며 2020년 7월 10일 이후부터 2020년 8월 18일 이전에 등록한 임대주택의 경우라면 8년, 2020년 8월 18일 이후 등록한 임대주택의 경우라면 10년을 적용받고 있다.

네 번째, 2019년 2월 12일 이후 계약하는 임대차계약부터는 임대료를 연 5%를 초과해 올릴 수 없다. 세입자의 주거 안정화를 위해 임대료 증액에 상한을 두었다.

다섯 번째, 오피스텔도 장기임대주택으로 등록할 수 있다. '민간임대주택에 관한 특별법'상 매입임대주택에는 오피스텔이 포함되지 않았으나, 현실적으로 주거시설로 이용이 가능한 경우라면 준주택으로 분류하여 취급하고 있으므로 추후 개정을 통해 포함했다. 일정 요건을 갖춘 오피스텔이라면 장기임대주택에 포함되고, 동일한 혜택을 받을 수 있다.

일정 요건을 갖춘 오피스텔

- 전용면적이 85㎡ 이하

- 상·하수도 시설이 갖추어진 전용입식 부엌, 전용수세식 화장실 및 목욕시설을 갖출 것

장기임대주택의 종류

장기임대주택은 건설임대주택과 매입임대주택으로 나뉘는데, 건설임대주택은 임대인이 직접 건축하여 완공된 후 임대주택으로 임대를 하는 주택이며, 매입임대주택은 임대인이 다른 사람에게 매입하여 임대주택으로 임대를 하는 주택이다. 세법에서 요구하는 주택별 요건이 다르니 구분해서 살펴봐야 한다.

건설임대주택과 매입임대주택은 기준 시가 기준은 동일하나, 면적과 임대 호수 기준이 다르다. 건설임대주택 같은 경우에는 연면적 149㎡ 이하, 대지면적 298㎡ 이하여야 하며, 임대 호수는 2호 이상 임대해야 한다. 반면에 매입임대주택 같은 경우에

는 크게 까다로운 요건은 없는 편이다.

• 임대주택별 요건

구분	건설임대주택	매입임대주택
취득 방식	자가 건설	매입
면적 기준	연면적 149㎡ 이하 대지면적 298㎡ 이하	없음
기준 시가 기준 (임대 개시일 현재)	6억 원 (수도권 밖 3억 원) 이하	6억 원 (수도권 밖 3억 원) 이하
임대 호수 기준	2개 호수 이상	1개 호수 이상

건설임대주택이 되려면

M 씨는 토지를 구매해서 임대주택을 신축한 후 임대하려고 한다. 약 2년간 건물 신축 과정을 거쳐 세무서 및 구청에 임대사업자로 등록했는데, 임대사업자 등록증을 보니 매입임대주택이라고 되어 있었다. M 씨는 분명히 임대주택을 신축한 건설임대사업자인데, 왜 매입임대사업자가 됐을까?

건물을 신축한 경우 신축된 건물이 건축기준법 등에 적합하다는 것을 확인하고 사용을 인정하는 사용승인 과정을 거쳐야 한다. 그 후 건물의 소유권을 보존하기 위해서 등기사항증명서에 소유권 보존등기를 하게 되는데 이때 언제 주택임대사업자로 등록했느냐에 따라서 건설임대주택이 될 수 있고, 매입임대주택이 될 수 있다.

본인이 신축한 주택이 건설임대주택으로 인정받으려면 소유권 보존등기 이전에 임대사업자로 등록해야 한다. 만약 소유권 보존등기 이후에 임대사업자로 등록하게 된다면 매입임대주택이 될 수밖에 없다.

비과세 혜택을 받기 위한 장기임대주택의 임대 기간

장기임대주택의 임대 기간은 세무서와 구청 등에 모두 임대사업자 등록을 한 날로부터 기산하여 계산한다. 다만 임대 개시일이 임대사업자 등록일보다 늦은 경우에는 임대 개시일부터 기산한다. 임대 의무 기간은 5년(8년 또는 10년)으로 이 기간을 충족해야 비과세 혜택을 받을 수 있다. 소득세법 및 '민간임대주택에 관한 특별법' 개정에 따라 2020년 7월 10일 이후 2020년 8월 18일 이전 등록한 임대주택의 경우 8년, 2020년 8월 18일 이후 등록한 임대주택의 경우 10년을 의무 기간으로 하고 있다.

• 임대 등록일에 따른 임대 의무 기간

임대 등록일	비과세 적용을 위한 임대 의무 기간
2020년 7월 10일 이전	5년
2020년 7월 10일 이후 ~ 2020년 8월 18일 이전	8년
2020년 8월 18일 이후	10년

만약 임대주택의 임대 의무 기간을 채우기 전 거주 주택을 양도하게 되는 경우는 어떨까? 임대 의무 기간을 채우기 전에 양도하더라도 비과세를 적용받을 수 있다.

다만, 양도한 이후에도 임대주택의 임대 의무 기간을 충족시켜야 하며, 남은 임대 의무 기간을 충족시키지 않는 경우에는 비과세를 적용했던 거주 주택에 대해 비과세를 배제하고 가산세를 포함한 양도소득세를 추징하니 주의해야 한다.

임대사업자 등록이 말소된 경우는?

1세대 2주택자로서 2채의 아파트를 소유한 N 씨는 거주 주택 비과세를 받고 1채를 양도하려고 한다. 그런데 최근 임대사업을 운영하던 아파트 1채가 자동으로 말소되어 당황스러운 상황이다. 거주 주택 비과세를 받으려면 임대사업을 계속 운영해야 한다고 세무 상담을 통해 들었던 터라 비과세를 받지 못할까 걱정이 많다.

2020년 7월 10일 부동산 대책 발표를 통해 개정된 '민간임대주택에 관한 특별법'에서는 아파트와 단기민간임대주택의 경우 임대사업자로 등록할 수 없도록 하고 있으며, 만약 기존에 아파트와 단기민간임대주택을 임대하던 임대사업자가 임대 의무 기간이 종료하여 임대사업자 지위가 말소된 경우에는 추가적으로 등록할 수 없도록 방지하고 있다.

다행히 장기임대주택의 사업자 등록이 말소된 경우라 하더라도 5년 이내 거주 주택을 처분하면 임대 기간 요건을 갖춘 것으로 보아 거주 주택 비과세 혜택을 받을 수 있다.

기존에 임대사업을 운영하던 사람들은 임대사업자가 말소된다면 비과세 혜택을 받지 못할까 걱정했지만 과세관청은 형평성을 유지하고자 말소된 이후로 5년간은 비과세 혜택을 유지해주고 있다.

말소의 경우 자진말소와 자동말소 2가지로 나누어볼 수 있다. 이에 대해 좀더 자세하게 알아보자.

✅ 자진말소

자진말소는 아파트 또는 단기민간임대주택이 '민간임대주택에 관한 특별법'에 따라 임대사업자의 임대 의무 기간 내 등록 말소 신청(임대 의무 기간의 2분의 1 이상을 임대한 경우에 한정)으로 등록이 말소된 경우를 말한다.

만약, 장기임대주택(임대 의무 기간 8년)으로 등록된 아파트를 등록일로부터 3년 만에 말소신청하게 된다면 거주 주택을 양도해도 비과세를 적용받을 수 없고, 임대 의무 기간의 2분의 1인 4년이 지나고 말소 신청을 하게 된다면 거주 주택을 양도하고 비과세를 적용받을 수 있다.

✔ 자동말소

자동말소는 아파트 또는 단기민간임대주택이 '민간임대주택에 관한 특별법'에 따라 임대 의무 기간이 종료한 날 등록이 말소된 경우다. 임대 의무 기간이 충족되면 구청에서 자동적으로 임대사업자의 지위를 말소하므로 말소일로부터 5년 이내에 거주 주택을 양도하게 된다면 비과세 적용이 가능하다.

거주 주택 비과세 혜택은 몇 번이나 받을 수 있을까

2019년 2월 12일 개정된 소득세법에 따르면 평생 1번에 한해서만 거주 주택 비과세를 적용받을 수 있도록 개정했다. 2019년 2월 11일 이전에 취득한 주택은 횟수에 제한 없이 거주 주택 비과세 특례를 적용받을 수 있었던 내용에 비하면 굉장히 축소됐다.

예를 들어 나임대 씨가 D임대주택을 1채 보유하고 있고, 거주하고 있던 A주택을 양도하여 거주 주택 비과세를 적용받은 후 B주택을 신규로 취득하여 2년 이상 거주하다가 양도했다고 가정해보자.

만약 B주택을 2019년 2월 11일 이전에 취득했다면 A주택에 대해 거주 주택 비과세를 적용받았음에도 불구하고 B주택에 대해서 거주 주택 비과세를 적용할 수 있다.

하지만 B주택을 2019년 2월 12일 이후 취득했다면 A주택이 이미 거주 주택 비과세를 적용받아서 B주택에 대해서 거주주택 비과세를 적용받을 수 없게 된다.

이렇듯 기존 규정의 경우 거주 주택 비과세를 횟수에 제한 없이 적용받을 수 있었으나 이를 무한대로 적용받아 악용하는 납세자들을 막기 위해 생애 1번으로 제한하게 됐다.

04

'특별한' 2주택자에게 주는
특례 혜택

**부득이한 경우나
투기 목적이 아니라면
비과세 혜택이**

소박하지만 살 집이 있다는 것은 행복한 일이다. 그것이 내 것이 된다면 더욱 행복한 일이다. 그래서 세법은 국민들의 주거 안정성과 삶의 질을 높이기 위해 1세대 1주택자에게 비과세 혜택을 주고 있다. 하지만 살다 보면 어느 순간 2주택자가 되는 경우가 있다. 주거지를 옮기면서, 평수를 늘리면서, 살 집을 준비하다 일시적 2주택자가 되는 경우도 있고, 부모님을 봉양하기 위해 합가를 하거나 각각 1주택을 소유한 사람끼리 혼인을 하는 경우, 상속으로 부모님의 주택을 취득하는 등의 다양한 이유로 다주택자가 되기도 한다.

이렇게 부득이하게 2주택자가 되는 경우 납세자들의 세금 부담을 줄이기 위해 비과세를 해주는 특례 규정을 만들게 됐다.

여기서 중요한 포인트는 '부득이한 경우'와 '투기 목적이 아닌 경우'로 볼 수 있다. 일시적 2주택의 경우와 거주 주택 비과세의 경우 앞에서 자세하게 설명했으니 그 외의 경우에 대해 자세하게 알아보자.

상속으로 주택을 받았다면

상속 문제로 집안싸움이 일어나는 경우가 종종 있는데 자녀가 1명이거나 부모가 특정 자녀에게만 주택을 상속하기로 합의한 경우 분쟁은 그리 크지 않다. 분쟁을 만들지 않기 위해서 동일한 지분으로 나눠서 상속받는 경우가 많겠지만, 주택의 경우 동일한 지분으로 상속받는다면 오히려 불이익이 될 수 있다. 각 상속인별로 주택 수를 감안해서 상속받아야 하는데, 이는 상속인 중 누가 비과세 혜택을 받을 수 있는지에 따라서 달라진다.

상속 주택의 경우 특례를 통해 비과세 혜택을 받을 수 있지만 상속 주택이라도 혼자서 받을 경우와 공동으로 받을 경우로 나누어 각각 판단해야 한다.

✅ 혼자서 상속받을 경우

1세대가 1채의 집을 보유하고 있는데 부모의 사망으로 주택을 단독으로 상속받을 경우를 보자. 기존에 보유하던 주택과 상속받은 주택을 합해서 1세대 2주택이 된다. 이때 기존에 보유하던 집을 먼저 팔게 된다면 1세대 1주택으로 보아 비과세 혜택을 받을 수 있다. 하지만 여기서 주의할 점은 종전 주택이 아니라 상속받은 집을 먼저 팔면 비과세 혜택을 받을 수 없다는 점이다.

하지만 만약 부모(피상속인)가 상속 개시 당시 2채 이상의 주택을 소유한 경우에는 어떻게 해야 할까? 2채 모두 비과세 특례를 부여할 수는 없으므로 상속 주택 중 다음의 순위에 따른 1주택만 비과세 특례를 적용한다.

① 피상속인이 소유한 기간이 가장 긴 1주택

② 피상속인이 거주한 기간이 가장 긴 1주택

③ 피상속인이 상속 개시 당시 거주한 1주택

④ 기준 시가가 가장 높은 1주택

　　유념해야 할 부분은 부모와 따로 살아서 별도세대로 상속받은 경우에만 적용된다는 점이다. 함께 살며 1세대를 구성하던 부모에게 상속받은 주택은 비과세 특례를 적용받을 수 없다. 이럴 때는 상속받기 전 세대 분리를 하는 것도 세테크의 한 방법일 수 있다.

　　여기서 한 가지 명심해야 할 것은 해당 상속 주택을 2013년 2월 14일 이전에 상속받은 경우에는 이후 주택을 매입하더라도 상속 주택을 주택 수에서 제외하여 비과세 혜택을 받을 수 있었지만, 2013년 2월 15일 이후 상속받은 경우에는 부모의 사망일 당시에 보유하고 있는 상속 주택만 주택 수에서 제외하여 비과세 혜택을 받을 수 있다는 점이다.

✅ 공동으로 상속받았을 경우

부모의 사망으로 공동으로 집 1채를 상속받았을 경우, 상속 주택 특례를 적용해 상속 지분이 가장 큰 상속인의 주택을 1주택으로 본다. 예를 들어 남매가 주택을 받았다고 가정해보자. 주택의 70%를 누나가, 30%를 남동생이 나눠 받았다면 누나가 상속 주택을 소유한 것으로 본다. 반면, 30%를 소유(소수지분권자)하고 있는 남동생은 해당 상속 주택을 주택 수에서 제외하게 된다.

만약 동일한 지분을 상속받은 경우는 어떨까? 상속 지분이 가장 큰 상속인이 2명 이상인 경우에는 다음의 순위에 따라 소유자를 구분한다.

① 당해 주택에 거주하는 자

② 최연장자

일반적으로 상속받는 재산은 형제간에 동일한 지분율을 가지고 배분한다. 다주택자가 선순위에 해당하여 상속 주택을 소유한 것으로 보게 된다면 오히려 주택 수만 늘어나 골치가 아파질 수 있다. 무주택자가 해당 상속 주택의 높은 지분을 가져가는 편이 나을 수도 있으니, 미리미리 상속 지분에 대해서 배분하여 유리하게 상속받는 것이 좋을 수 있다.

부모를 봉양하기 위해 합가할 때

부모와 자녀가 따로 살다가 부모를 봉양하기 위해 세대를 합치는 경우가 있다. 부모나 자식 중 한쪽이 무주택자라면 상관없겠지만 만약 각각 집 1채를 보유하고 있다면 2주택자가 되어 중과세 대상이 될 수 있다. 이런 불합리성을 배제하기 위해 세법에서는 주택을 보유하고 있는 60세 이상의 직계존속을 동거봉양하기 위해 세대를 합친 경우 합친 날부터 10년 이내에 먼저 양도하는 주택은 비과세를 적용한다. 그리고 남은 집도 1세대 1주택 요건이 맞는다면 비과세 혜택을 받을 수 있다.

그렇다면 아버지는 60세 이상이고, 어머니는 60세 이하라면 비과세를 적용받을 수 있을까? 부모 중 한 분이 60세 미만이라도 동거봉양 비과세 특례를 적용받을 수 있다.

연령 기준과 중복 보유 기간이 수차례 변경됐으나 현재는 남녀 동일한 연령 기준을 두고 있으며, 중복 보유 기간 또한 비과세 특례 중 가장 긴 10년을 두고 있다.

• 동거봉양 비과세 특례 개정 연혁

구분	~2009년 2월 3일	2009년 2월 4일 ~2018년 2월 12일	2018년 2월 13일~
연령 기준	남자 60세 여자 55세	남녀 60세	남녀 60세
중복 보유 기간	2년	5년	10년

혼인으로 합가할 때

비과세에서 결혼은 절세를 할 수 있는 가장 합리적인 방법이 될 수 있다. 각각 집 1채씩을 보유하고 있던 남녀가 결혼하면서 살림을 합칠 때 1세대 2주택이 되는데 이 경우 혼인한 날로부터 5년 이내에 먼저 양도하는 주택은 비과세를 적용할 수 있다. 참고로 집 1채를 팔았으니 남은 1채도 1세대 1주택 요건을 갖춰 팔면 비과세 혜택을 받을 수 있다.

여기서 혼인한 날의 의미는 '가족관계의 등록 등에 관한 법률'에 따라 관할 주민센터 등에 혼인신고를 한 날을 의미한다. 따라서 관할 주민센터에서 혼인관계증명서 또는 가족관계증명서를 발급받아 5년이 되는 날을 계산할 수 있다.

📍 문화재주택

'문화재보호법'에 따른 지정문화재 및 국가등록문화재에 해당하는 주택과 함께 일반 주택을 소유하고 있는 1세대가 일반 주택을 양도하는 경우 1세대 1주택으로 보아 비과세 혜택을 받을 수 있다.

문화재는 국가적 및 민족적 또는 세계적 유산으로 역사 및 예술, 학술적인 가치가 큰 재산이므로 문화재를 보유하고 유지하는 자에게 불이익을 주지 않고자 1세대 1주택 비과세를 적용한다.

실제로 문화재주택의 경우 건축된 지 상당히 오랜 기간이 지난 경우가 대다수라 소유자가 실제 거주하기에는 무리가 있다. 그런 측면으로 보아 비과세를 규정하고 있지 않나 하는 생각이 든다.

📍 농어촌주택

농어촌주택은 수도권 밖 읍이나 면 지역에 소재하고, 장기간 독립된 주거생활을 할 수 있는 구조로 된 건축물로 농어촌주택에는 부속 건축물 및 토지도 포함한다. 1세대가 농어촌주택과 일반 주택을 보유할 경우 원칙적으로 1세대 2주택이 되지만 영농종사자의 세금 부담을 완화하기 위해 1세대 1주택으로 보아 비과세를 적용하고 있다.

농어촌주택의 경우 이농주택과 귀농주택 2가지로 구분되며 각 요건을 충족해야 비과세 혜택을 받을 수 있다.

✅ 이농주택

이농은 농민이 농사일을 그만두고 농촌을 떠나는 것을 말한다. 이에는 어민도 해당한다. 영농이나 영어에 종사하던 자가 전업을 통해 다른 지역으로 이사를 가면서 살던 집에 가족 전부 또는 일부가 거주하지 못하게 되는 주택을 이농주택이라고 한다.

✅ 귀농주택

귀농은 농사를 지으려고 농촌으로 돌아가는 것을 말하는데 귀
농하기 위해 거주하는 집을 귀농주택이라고 한다. 이때는 귀
농 이전에 취득한 주택도 포함하며 아래와 같은 요건을 갖춰야
한다.

① 취득 당시에 고가주택에 해당하지 않을 것

② 세대 전원이 이사하여 거주할 것

③ 대지 면적이 660㎡(200평) 이내일 것

④ 1,000㎡ 이상의 농지를 소유하는 자(배우자 포함)가 해
당 농지 소재지에 있는 주택을 취득할 것

그 밖의 사유

자녀가 취학하거나 직장과 집이 너무 멀거나(근무상의 형편), 질
병의 요양, 그 밖에 부득이한 사유로 취득한 수도권 밖에 소재하
는 주택과 일반 주택을 각각 1채씩 소유하고 있는 1세대는 부득
이한 사유가 해소된 날부터 3년 이내에 일반 주택을 양도하는
경우 1세대 1주택으로 보아 비과세 혜택을 받을 수 있다.

• '특별한' 2주택자에게 적용하는 비과세 규정

구분		요건	기한
상속 주택		상속받은 주택	없음
공동상속 주택		상속으로 여러 사람이 공동으로 소유하는 주택	없음
동거봉양합가		1주택을 보유하는 자가 60세 이상의 직계존속을 동거봉양하기 위하여 세대를 합침	세대를 합친 날부터 10년 이내
혼인합가		1주택을 보유하는 자가 1주택을 보유하는 자와 혼인	혼인한 날부터 5년 이내
문화재주택		「문화재보호법」에 따른 지정문화재 및 국가등록문화재 주택	없음
농어촌 주택	이농 주택	영농 등에 종사하던 자가 전업으로 인하여 다른 시·구·읍·면으로 전출함에 따라 가족과 거주하지 못하게 되는 주택으로써 이농인이 소유하고 있는 주택	없음
	귀농 주택	영농 등에 종사하고자 하는 자가 취득하여 거주하고 있는 주택	5년 이내
그 밖의 사유		취학, 근무상의 형편, 질병의 요양, 그 밖에 부득이한 사유로 수도권 밖에 소재하는 주택	사유가 해소된 날부터 3년 이내

조세특례제한법상 비과세 혜택

소득세법과는 별도로 조세특례제한법에서 정책적인 목적에 따라 일정 기간 동안 취득한 주택의 경우에 양도소득세를 감면해주고 있다. 예를 들어 미분양된 주택을 취득하거나, 주택을 새로이 신축하는 경우, 또는 농어촌주택이나 고향주택■ 등에 한정하여 적용하고 있다. 해당 감면대상 주택은 각 규정마다 엄격한

■ 인구 20만 이하의 시(市) 안에 있는 '고향'이어야 하고, 수도권, 조정대상지역, 관광단지 등이 아니어야 하고, 기존 일반 주택과 행정구역상 같은 시 또는 연접한 시에 소재하지 않아야 하고, 주택가격이 취득시 기준 시가 2억 원 이하(한옥은 4억 원 이하, 2014년 1월 1일 이후 취득분부터 적용)인 주택을 말한다.

요건을 충족해야 하기 때문에 생각보다 판단이 쉽지 않다. 그래서 전문세무사와 상담을 통해 판단하기를 권장한다.

• 조세특례제한법상 비과세 규정

구분	근거법	기간	지역	비고
장기임대주택	제97조	2000년12월31일 이전 임대 개시	전국	5호 이상 주택
2호 이상 신축 임대	제97조의 2	2001년12월31일 이전 임대 개시	전국	2호 이상 신축 주택
미분양 주택	제98조	1995년11월1일~ 1997년12월31일 1998년3월1일~ 1998년12월31일	서울 외	미분양
지방 미분양	제98조의 2	2008년11월3일~ 2010년12월31일	수도권 밖	미분양·신축
미분양 주택	제98조의 3	2009년2월12일~ 2010년2월11일	서울 외	미분양·신축
미분양 주택	제98조의 4	2010년5월14일~ 2011년4월30일	수도권 밖	미분양
미분양 주택	제98조의 6	2011년6월3일~ 2011년12월31일	전국	미분양
미분양 주택	제98조의 7	2012년9월24일~ 2012년2월 말	전국	미분양
준공 후 미분양 주택	제98조의 8	2015년1월1일 ~2015년12월31일	전국	미분양
신축 주택	제99조	1998년5월22일~ 1999년12월31일	전국	미분양·신축
신축 주택	제99조의 2	2013년4월1일~ 2013년12월31일	전국	미분양·신축
1세대 1주택 매수자				1세대 1주택 매수자
신축 주택	제99조의 3	2000년11월1일~ 2003년6월30일	전국	미분양·신축
농어촌주택 ·고향주택	제99조의 4	2003년8월1일~ 2022년12월31일	수도권 밖 (도시 지역 제외)	기존·자가 신축

요건을 충족했음에도 비과세가 적용되지 않는 주택

비과세 요건을 충족했지만 비과세가 적용되지 않는 주택이 있다.

첫 번째, 주택을 취득한 후 등기를 하지 않고 양도하는 경우다. 아무리 비과세 요건을 충족했더라도 미등기양도자산에 대해서는 비과세가 적용되지 않는다. 이는 등기하지 않고 양도하는 자산은 부동산 거래 질서를 위협하고 탈세를 조장하는 등 위법적인 형태기 때문에 이에 대해 제재를 가하기 위함이다.

두 번째, 업계약서와 다운계약서를 작성할 경우에도 비과세가 적용되지 않는다. 과거에는 취득세를 줄이기 위해 다운계약서를 쓰는 경우가 종종 있었다. 현행 양도소득세처럼 양도가액과 취득가액을 기준으로 양도소득세를 과세하지 않고, 양도 당시 기준 시가와 취득 당시 기준 시가를 기준으로 과세했기 때문에 실거래가액을 조정한다고 크게 문제가 되지 않았다.

하지만 이를 악용하면서 탈세가 이뤄지자 양도소득세 과세 방법을 기준 시가에서 실거래가액으로 변경했다. 따라서 거래 당사자가 매매계약서의 거래가액을 다르게 적는 경우 비과세를 적용받지 못한다.

세 번째, 해외에 소재한 부동산의 경우 비과세를 적용하지 않는다. 비과세는 국내 거주자의 주거 안정을 위해 도입된 혜택으로 해외에서 취득한 부동산은 해당되지 않는다.

비과세 대상이 아닌 주택

- 주택을 취득한 후 등기를 하지 않고 양도하는 경우

- 업계약서와 다운계약서를 작성할 경우

- 해외에 소재한 부동산의 경우

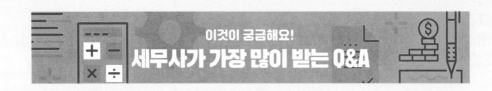

Q1 양도소득세가 비과세 되는 경우에는 신고 의무가 없다고 들었습니다. 신고 유무에 따라 달라지는 점이 있는지, 불이익이 있는지 궁금합니다.

A1 양도가액 12억 원까지는 비과세가 적용돼 납부할 세액이 없기 때문에 신고 의무가 없는 것이 맞습니다. 따라서 이 경우 신고 유무가 세금에 영향을 미치지는 않습니다. 다만, 당시에는 비과세라고 판단했으나 해당 주택이 비과세가 아닌 것으로 판명되는 경우 가산세율이 달라질 수 있습니다. 신고를 한 경우에는 과소신고 가산세 10%가 붙는 반면, 신고하지 아니한 경우에는 무신고 가산세 20%가 붙어 세 부담이 크게 다가올 수 있습니다. 홈택스에서 1세대 1주택 간편신고서도 작성 제출이 가능하니 양도소득세 신고를 권장합니다.

Q2 상가주택 1채만을 보유하고 있습니다. 1층은 근린생활시설이고, 2~4층은 주택으로 사용하고 있습니다. 4층에서 20년간 거주했으나, 최근 재개발로 인하여 조합 측에 30억 원에 양도를 하고자 합니다. 주택 면적이 상가 면적보다 큰 경우 전체를 주택으로 보아 양도소득세를 계산한다고 들었는데, 저도 해당이 되는지 궁금합니다.

A2 2021년 12월 31일까지 양도하는 상가주택의 경우 주택 면적이 상가 면적보다 같거나 큰 경우에는 전부 주택으로 보아 양도소득세를 계산했습니다. 그러나 2022년 1월 1일 이후 양도하는 상가주택의 양도가액이 12억 원을 초과하는 경우 상가 부분에 대해서는 상가분 양도소득세, 주택 부분에 대해서는 주택분 양도소득세를 각각 계산하는 것으로 세법 개정이 이뤄졌습니다. 따라서 해당 사안의 경우 상가분과 주택분의 양도소득세를 별도로 안분하여 계산해야 합니다.

Q3 최근 아내와 협의이혼을 했습니다. 그러나 아직 정리할 것이 남아 거주는 같이 하고 있습니다. 각자 주택을 1채씩 보유하고 있는데, 제가 소유한 1채를 양도하고자 합니다. 이 경우 이혼한 배우자임에도 불구하고 같은 세대로 보아 양도소득세를 과

세하는지, 별도의 세대로 보아 양도소득세를 과세하는지 궁금합니다.

A3 1세대는 자신의 부모님, 배우자, 자녀, 자신의 형제자매, 배우자의 형제자매, 자녀의 배우자(사위, 며느리) 등 한 주소지에서 생계를 같이하는 구성원을 말합니다. 특히 법률상 이혼했으나 생계를 같이하는 등 사실상 이혼한 것으로 보기 어려운 관계에 있는 사람도 포함합니다. 따라서 해당 사안의 경우 1세대 2주택으로 보아 양도소득세를 과세할 수 있으니, 세대 분리 이후에 양도하시는 것을 권장합니다.

Q4 일시적 1세대 2주택 비과세의 경우 신규 주택 취득일로부터 1년 이내에 이사나 전입이 필요한 것으로 알고 있는데 전입 후 얼마나 유지해야 하나요?

A4 과세관청에 따르면 1년 이내에 전입한 경우 최소 1개월 이상 거주할 목적이 있었는지에 대한 여부를 고려하여 판단하고 있습니다. 이는 투기 목적이 아닌 실거주 목적으로 취득하는 경우에 한하여 비과세를 해주겠다는 취지에 따른 답변이라고 이해할 수 있습니다.

Q5 보유한 주택에서 2년 이상 거주했는데, 개인적인 사유로 전입신고를 하지 않았습니다. 이 경우 어떻게 거주 기간을 증명할 수 있을까요?

A5 해당 주택에 전입신고를 하지 않은 경우 납세자가 직접 거주했다는 사실을 증명을 해야 합니다. 예를 들어 납세자의 거주지 공공요금(전기, 수도 등) 고지서, 택배 수령 내역, 거주지 인근에서 사용한 신용카드 및 교통카드 내역, 주차 차량 출입 내역, 통신기지국 발신 내역 등을 활용하여 거주 사실을 증명할 수 있습니다. 과세관청은 이를 바탕으로 거주 사실을 종합적으로 판단할 수 있습니다.

아는 만큼 보이는
세테크 7단계
-
중과세 편

다주택자
중과세 피하기

서울시 전 지역이 조정대상지역

여러 채의 주택을 보유하고 있는 사람이라면 양도소득세가 부담스러운 게 사실이다. 특히나 중과세가 적용될 때는 세액이 생각지도 못하게 올라가기 때문에 매해 개정되는 세법에 관심을 가질 수밖에 없다.

양도소득세 중과세는 무자비한 부동산 투기를 차단하기 위해 1세대 2주택 또는 3주택 이상인 경우 양도소득세율을 인상하여 과세하도록 하고 있다. 이때 소유하고 있는 주택이 조정대상지역에 있느냐 아니면 그 외 지역에 있느냐로 중과세 여부가 갈린다.

현재 서울은 2017년 9월 6일부터 25개구 모두 조정대상지역이고, 같은 날 세종시행정중심복합도시 건설 예정 지역도 조정대상지역이 됐다. 경기도는 2017년 9월 6일부터 과천시, 광명시, 성남시, 하남시, 화성시(동탄택지개발지구), 고양시 일부, 남양주시 일부가 지정됐다가 2018년 8월 28일에 구리시, 안양시 동안구로 범위가 넓어졌고, 2018년 12월 31일 수원시 팔달구와 용인시 수지구, 기흥구가 포함됐다. 2020년 2월 21일에는 수원시의 영통구, 권선구, 장안구가 포함됐고, 안양시의 만안구와 의왕시가 지정됐다.

• 현재 조정대상지역(2021년 8월 30일 기준)

전국 구분	지정 일자	지정 지역
서울 특별시	2017년 9월 6일	25개구(서울 전 지역)
세종 특별자치시	2017년 9월 6일	'신행정수도 후속대책을 위한 연기, 공지 지역 행정중심복합도시 건설을 위한 특별법' 제2조 제2호에 따른 예정지역
경기도	2017년 9월 6일	과천시, 광명시, 성남시, 하남시, 화성시 동탄2(반송동, 석우동, 동타면 금곡리, 목리, 방교리, 산척리, 송리, 신리, 영천리, 오산리, 장지리, 중리, 청계리 일원에 지정된 택지개발지구에 한함), 고양시(삼송택지개발지구, 원흥, 지축, 향동 공공주택지구, 킨텍스 1단계, 고양관광문화단지 도시개발구역), 남양주시 다산동, 별내동
	2018년 8월 28일	구리시, 안양시 동안구, 광교택지개발지구(수원시 영통구 이의동, 원천동, 하동, 매탄동, 팔달구 우만동, 장안구 연무동, 용인시 수지구 상현동, 기흥구 영덕동 일원)
	2018년 12월 31일	수원시 팔달구, 용인시 수지구, 기흥구
	2020년 2월 21일	수원시 영통구, 권선구, 장안구, 안양시 만안구, 의왕시
	2020년 6월 19일	고양시, 남양주시(화도읍, 수동면 및 조안면 제외), 화성시, 군포시, 부천시, 안산시, 시흥시, 용인시 처인구(포곡읍, 모현면, 백암면, 양지면 및 원삼면 가재월리, 사암리, 미평리, 좌항리, 맹리, 두창리 제외), 오산시, 안성시(일죽면, 죽산면, 삼죽면, 미양면, 대덕면, 양성면, 고삼면, 보개면, 서운면 및 금광면 제외), 평택시, 양주시(백석읍, 남면, 광적면 및 은현면 제외), 의정부시
	2020년 11월 20일	김포시(통진읍, 대곶면, 월곶면 및 하성면 제외)
	2020년 12월 18일	파주시(문산읍, 파주읍, 법원읍, 조리읍, 월롱면, 탄현면, 광탄면, 파평면, 적성면, 군내면, 장단면, 진동면 및 진서면 제외)
	2021년 8월 30일	동두천시(광암동, 걸산동, 안흥동, 상봉암동, 하봉암동, 탑동동 제외)

인천시	2020년 6월 19일	중구(을왕동, 남북동, 덕교동 및 무의동 제외), 동구, 미추홀구, 연수구, 남동구, 부평구, 계양구, 서구(강화군, 옹진군 제외)
부산시	2020년 11월 20일	해운대구, 수영구, 동래구, 남구, 연제구
	2020년 12월 18일	서구, 동구, 영도구, 부산진구, 금정구, 북구, 강서구, 사상구, 사하구
대구시	2020년 11월 20일	수성구
	2020년 12월 18일	중구, 동구, 서구, 남구, 북구, 달서구 달서군(가창면, 구지면, 하빈면, 논공읍, 옥포읍, 유가읍 및 현풍읍 제외)
광주	2020년 12월 18일	동구, 서구, 남구, 북구, 광산구
대전	2020년 6월 19일	동구, 중구, 서구, 유성구, 대덕구
울산	2020년 12월 18일	중구, 남구
충북	2020년 6월 19일	청주시(낭성면, 미원면, 가덕면, 남일면, 문의면, 남이면, 현도면, 강내면, 옥산면, 내수읍 및 북이면 제외)
충남	2020년 12월 18일	천안시 동남구(목천읍, 풍세면, 광덕면, 북면, 성남면, 수신면, 병천면 및 동면 제외), 서북구(성환읍, 성거읍, 직산읍 및 입장면 제외), 논산시(강경읍, 연무읍, 성동면, 광석면, 노성면, 상월면, 부적면, 연산면, 벌곡면, 양촌면, 가야곡면, 은진면 및 채운면 제외), 공주시(유구읍, 이인면, 탄천면, 계룡면, 반포면, 의당면, 정안면, 우성면, 사곡면 및 신풍면 제외)
전북	2020년 12월 18일	전주시 완산구, 덕진구
전남	2020년 12월 18일	여수시(돌산읍, 율촌면, 화양면, 남면, 화정면 및 삼산면 제외), 순천시(승주읍, 황전면, 월등면, 주암면, 송광면, 외서면, 낙안면, 별량면 및 상사면 제외), 광양시(봉강면, 옥룡면, 옥곡면, 진상면, 진월면 및 다압면 제외)
경북	2020년 12월 18일	포항시 남구(구룡포읍, 연일읍, 오천읍, 대송면, 동해면, 장기면 및 호미곶면 제외), 경산시(하양읍, 진량읍, 압량읍, 와촌면, 자인면, 용성면, 남산면 및 남천면 제외)
경남	2020년 12월 18일	창원시 성산구

그리고 2012년 8월 28일부터 2019년 11월 8일까지 조정대상
지역에서 해제된 지역이 있다. 부산시 기장군(일광면 제외)을 시
작으로 진구, 남구, 기장군 일광면, 해운대구, 동래구, 수영구가
해제가 됐고, 경기 고양시, 남양주시 일부 지역이 해제됐다.

• 지정 해제 지역

지역	해제 일자	지정 해제 지역
부산시	2018년 8월 28일	기장군(일광면 제외)
	2018년 12월 31일	진구, 남구, 연제구, 기장군 일광면
	2019년 11월 8일	해운대구, 동래구, 수영구
경기도	2019년 11월 8일	고양시, 남양주시 일부 지역
	2020년 12월 18일	안성시, 양주시 일부 지역

종종 많은 사람들이 그리고 언론에서 조정대상지역과 투기과
열지구를 혼동하곤 하는데 이 둘은 전혀 다르다. 조정대상지역
은 양도소득세 중과세 등 세법이 강화되는 지역을 말하고, 투기
과열지구는 아파트 청약이나 분양권 전매 등에 관한 규정에서
제약을 받는 지역이다.

창원시 의창구에 주택을 여러 채 보유하고 있다고 하더라도
중과세가 적용되지 않는다. 왜냐하면 의창구는 조정대상지역에
속하지 않고 투기과열지구에 해당하기 때문이다. 그렇기 때문
에 내 집이 어떤 규제 지역에 속하는지를 정확하게 알고 중과세
적용을 검토해야 한다. 위의 표는 조정대상지역만 기록한 것이
니 참조만 하기 바란다.

중과세는 조정대상지역에 위치한 집을 팔 때 적용

중과세가 적용되는 경우는 조정대상지역에서 소유하고 있는 주택을 팔 때다. 현재 서울시는 전 구가 조정대상지역에 속하기 때문에 다주택자의 경우 서울에 위치한 주택을 팔 때 중과세를 염두에 둬야 한다.

2017년 8월 2일 부동산 대책이 발표되면서 다주택자의 양도소득세가 강화됐다. 하지만 어느 세법이나 예외 규정이 있기 때문에 중과세를 피할 수 있는 방법이 있으니 이 책을 잘 활용하기 바란다.

양도소득세 기본세율은 6~42%다. 그러나 2021년 5월 31일까지 기존 다주택자 중과세의 경우 1세대 2주택자는 10%, 3주택자는 20%의 중과세율을 적용했다. 그리고 2021년 6월 1일부터는 각 10%씩 증가했으니, 5월까지 주택을 매도하고자 하는 납세자들이 상당수 존재했다.

• 과세표준에 따른 중과세율
(2021년 6월 1일 이후)

과세 표준	세율	
	1세대 2주택 (20% 중과)	1세대 3주택 이상 (30% 중과)
~1200만 원	26%	36%
~4600만 원	35%	45%
~8800만 원	44%	54%
~1억 5,000만 원	55%	65%
~3억 원	58%	68%
~5억 원	60%	70%
~10억 원	62%	72%
10억 원~	65%	75%

현재 1세대 2주택인 경우 기본세율에 20%를 가산한 중과세율을 적용하고 있으며, 1세대 3주택인 경우 기본세율에 30%를 가산한 중과세율을 적용하고 있다. 뿐만 아니라 장기보유특별공제를 배제하고 중과세율을 적용하면서 실질적인 세 부담이 크게 증가했다. 그 결과 부동산 투기에 대해선 상당한 억제 효과가 있다고 할 수 있다.

02

다주택자의
중과세 적용 여부 판단하기

중과세 적용 대상 주택인지 아닌지 잘 판단해야

중과세 적용 여부를 정확하기 알기 위해선 양도하고자 하는 주택이 중과세 대상 주택인지 아닌지를 잘 판단해야 한다. 이것이 세금의 액수를 좌우한다. 다만 세무사가 아니라면 보유 주택이 중과세 대상인지 아닌지 판단하는 것은 매우 힘들 수 있다. 이럴 때는 전문세무사에게 모두 일임해도 좋겠지만 주택의 소유자도 어느 정도 지식을 알고 있는 것이 좋다. 그래야 세무사의 상담을 이해할 수 있을 뿐만 아니라 추후 유사한 상황에서 정확한 판단을 내릴 수 있다. 중과세를 적용하기 위해선 다음의 요건을 확인하면 된다.

① 양도하려는 집이 조정대상지역에 있는가?

② 중과배제주택인지 아닌지 확인했는가?

③ 1세대 다주택자인가?

요건을 확인했다면 중과세 적용 여부를 판단하는 순서에 대해 알아보자.

✅ 1단계 : 양도 주택이 조정대상지역 여부 판단

중과세를 판단할 때 가장 먼저 해야 할 일은 양도하려는 주택이 조정대상지역에 있는지다. 만약 양도하려는 주택이 양도일 현재 조정대상지역에 소재하지 않는다면 중과세를 적용하지 않는다.

✅ 2단계 : 양도 주택이 중과배제주택인지 확인

여러 주택을 보유하고 있더라도 투기 목적이 아니라면 중과세를 적용하지 않는다. 중과세를 적용하는 목적은 투기를 막기 위함이며, 중과배제주택은 중과세를 적용하지 않는 주택을 말한다.

그렇기 때문에 양도 주택이 조정대상지역에 해당할 경우 중과배제주택(지역 및 가액 기준에 해당하는지)에 해당하는지를 확인해야 한다. 중과세 대상 주택인지 아닌지 아래의 기준을 통해 알아보자.

① 지역 기준
서울, 광역시(군 지역 제외), 경기도(읍,면 지역 제외), 세종시(읍,면 지역 제외) 외의 지역에 소재

② 가액 기준
주택 및 이에 부수되는 토지의 기준 시가의 합계액이 해당되는 주택 또는 그 밖의 주택의 양도 당시 3억 원을 초과하지 않는 주택

지역과 가액 기준을 동시에 충족한다면 중과세 대상 주택이

아니다. 그리고 다른 규정을 통해서 중과세 대상 주택인지 아닌지 파악이 가능하다. 중과배제주택 규정은 1세대 2주택에 적용되는 것과 1세대 3주택에서 적용되는 것으로 구분하며, 각각 다른 규정을 적용하므로 차이를 알고 본인 상황에 맞는 규정을 확인해야 한다.

✅ 3단계 : 중과세 대상인 주택 수 계산하기

양도하는 주택이 중과세 대상이라면, 이제는 중과세 대상의 주택 수를 판단해야 한다. 중과세 대상의 주택 수가 어떻게 되느냐에 따라서 2주택 중과세가 적용될 수도, 3주택 중과세가 적용될 수도 있다.

예를 들어 지방에 위치한 저가주택 등은 중과세 대상 주택 수에서 제외한다. 다만, 조합원입주권은 포함되며, 2021년 이후 취득한 주택분양권부터는 주택 수에 포함한다.

✅ 4단계 : 주택 수에 따라 중과세율 적용

중과세 대상일 경우 1세대 2주택자는 기본세율에 20%를 더하고, 1세대 3주택 이상자는 기본세율에 30%를 더해 중과세율을 적용한다. 중과세가 적용되면 보유 기간이 3년을 넘어도 장기보유특별공제 혜택을 받지 못한다.

1세대 3주택 이상자의 중과배제주택 범위

중과배제주택에 해당되면 중과세가 적용되지 않기 때문에 여기에 해당하는 주택의 범위를 아는 것이 무엇보다 중요하다.

① 기준 시가 3억 원 이하의 지방 저가주택

서울시와 광역시(군 지역 제외), 경기도(읍, 면 지역 제외), 세종시(읍, 면 지역 제외) 외의 지역에 소재한 기준 시가 3억 원 이하의 주택은 지방 저가주택에 해당한다. 지방에 소재한 저가주택은 중과세를 적용하지 않을 뿐만 아니라 중과세를 판단하는 주택 수에도 포함되지 않는다. 지방 저가주택을 여러 채 가지고 있어도 서울이나 경기도에 집 1채가 있다면 중과세 산정에 있어서는 1세대 1주택자라고 할 수 있다. 여기서 헷갈리면 안 되는 것이 중과세 판단시 1주택자로 보아 일반세율을 적용한다는 점이다. 지방 저가주택을 주택 수에서 배제하여 1세대 1주택 비과세를 적용한다는 내용으로 오인하지 않도록 주의하자.

• 임대주택 중 중과배제주택의 요건

구분		장기임대사업자 (2018년 3월 31일 이전 등록)		장기일반민간임대사업자 (2018년 4월 1일 이후 등록)	
		매입	건설	매입	건설
임대 요건	규모	규모 제한 없음	대지: 298㎡ 주택: 149㎡	규모 제한 없음	대지: 298㎡ 주택: 149㎡
	가액 기준	6억 원(비수도권 3억 원) 이하	6억 원 이하	6억 원(비수도권 3억 원) 이하	6억 원 이하
	호수	1호 이상	2호 이상	1호 이상	2호 이상
	임대료 증가율	5% 이내	5% 이내	5% 이내	5% 이내
	임대 의무 기간	5년	5년	10년(8년■)	10년(8년■)
	구청/세무서 등록 요건	등록 필수	등록 필수	등록 필수	등록 필수

■ 장기일반민간임대사업자의 경우 2020년 8월 18일 이전 등록한 주택에 대해서는 8년의 임대 의무 기간을 두고 있지만, 2020년 8월 18일 이후 등록한 주택에 대해서는 10년의 임대 의무 기간을 두고 있다.

② 소득세법상 장기임대주택

구청과 세무서에 임대주택으로 등록하고, 임대 개시일 시점에 기준 시가가 6억 원(비수도권은 3억 원) 이하 주택이라면 중과 배제주택에 해당하여 중과세가 적용되지 않는다.

임대주택에 대해서 중과배제 혜택을 주고 있었으나, 부동산 대책 발표를 통해 2018년 9월 14일 이후 1주택 이상자가 조정대상 지역에서 취득한 매입 임대주택은 다주택자 중과세 배제와 종합부동산세 합산배제를 적용받지 못한다. 즉, 2018년 9월 13일 이전에 취득한 주택을 임대사업자로 등록한 경우에만 다주택자 중과세 배제를 적용받을 수 있다.

③ 조세특례제한법상 감면주택

소득세법과는 별도로 조세특례제한법에서 정책적인 목적에 따라서 일정 기간 동안 취득한 주택의 경우에 양도소득세를 감면해주고 있다. 예를 들어 미분양된 주택을 취득하거나 주택을 신축하는 경우, 또는 농어촌주택 및 고향주택 등에 한정하여 적용하고 있다. 해당 감면대상 주택은 각 규정마다 엄격한 요건을 충

• 조세특례제한법상 감면 대상 주택으로써 중과배제주택

구분	근거법	기간	지역	비고
장기임대주택	제97조	2000년12월31일 이전 임대 개시	전국	5호 이상 주택
2호 이상 신축 임대	제97조의 2	2001년12월31일 이전 임대 개시	전국	2호 이상 신축 주택
미분양 주택	제98조	1995년11월1일~1997년12월31일 1998년3월1일~1998년12월31일	서울 외	미분양
지방 미분양	제98조의 2	2008년11월3일~2010년12월31일	수도권 밖	미분양·신축

미분양 주택	제98조의 3	2009년 2월 12일~2010년 2월 11일	서울 외	미분양·신축
미분양 주택	제98조의 4	2010년 5월 14일~2011년 4월 30일	수도권 밖	미분양
미분양 주택	제98조의 6	2011년 6월 3일~2011년 12월 31일	전국	미분양
미분양 주택	제98조의 7	2012년 9월 24일~2012년 2월 말	전국	미분양
준공 후 미분양 주택	제98조의 8	2015년 1월 1일~2015년 12월 31일	전국	미분양
신축 주택	제99조	1998년 5월 22일~1999년 12월 31일	전국	미분양·신축
신축 주택	제99조의 2	2013년 4월 1일~2013년 12월 31일	전국	미분양·신축
1세대 1주택 매수자		2013년 4월 1일~2013년 12월 31일		1세대 1주택 매수자
신축 주택	제99조의 3	2000년 11월 1일~2003년 6월 30일	전국	미분양·신축
농어촌주택 ·고향주택	제99조의 4	2003년 8월 1일~2022년 12월 31일	수도권 밖 (도시 지역 제외)	기존·자가 신축

족해야 하기 때문에 납세자가 직접 판단하기는 어려움이 있으니 전문세무사와 상담을 통해 판단하기를 권장한다.

④ 무상 제공 기간이 10년 이상인 장기사원용 주택

대표자가 종업원에게 10년 이상 무상으로 임대하는 장기사원용 주택의 경우 중과세를 적용하지 않는다. 이는 종업원 복지 목적을 가지고 무상으로 제공하고 있는 주택에 대해서 중과세를 적용할 경우 불합리한 부분을 제거하기 위해서 만들어졌다.

다만 임원이나 주주, 대표자의 특수관계인 등이 무상으로 사용하면서 중과배제 적용을 받는다면 이를 지속적으로 악용할 가능성이 높기 때문에 일반 종업원에게 무상으로 제공할 경우에만 중과배제를 적용하고 있다.

⑤ 문화재보호법에 규정한 문화재주택

1세대 1주택 비과세 규정과 동일한 맥락으로 문화재 보호 차원에서 관리하는 문화재주택의 경우 중과세를 적용하지 않는다. 예를 들어, 제주의 이시돌목장 테시폰식 주택의 경우 아름다운 풍경과 역사적 가치로 인해 많은 사람들에게 사랑받는 제주 관광 명소다. 2021년 7월 문화재청은 역사성이 높은 이유로 이시돌목장 테시폰식 주택 2채를 국가등록문화재로 등록했다. 해당 주택의 경우 여러 채를 보유했더라도 문화재주택은 중과세를 적용하지 않는다.

⑥ 상속받은 주택으로 5년이 경과하지 않는 경우

1세대 1주택 비과세 규정에 해당하는 상속 주택은 5년이 경과하지 않는 선에서 중과세를 적용하지 않는다. 만약 상속받은 날(상속개시일)부터 5년이 경과한 경우에는 중과세 대상이 되므로 주의해야 한다.

⑦ 저당권 실행으로 취득하거나 채권 변제를 대신해 취득한 주택

저당권이나 채권을 변제하기 위해 대신 취득한 주택의 경우는 중과세를 적용하지 않지만, 취득일로부터 3년 이내의 경우로 한정한다. 저당권이나 채권 금액을 보전하기 위해서 취득한 주택은 납세자의 주택 취득 의사보다는 어쩔 수 없는 금전적인 손해를 막기 위해 이뤄진 경우이므로 중과세를 제외하여 납세자의 권익 보호를 실현하고 있다.

⑧ 5년 이상 운영한 장기가정어린이집

국가로부터 인가를 받고 5년 이상 운영해 사용한 가정어린이집이지만 부득이한 사정으로 사용하지 않게 된 지 6개월 이내의 주택에 대해선 중과세를 적용하지 않는다.

⑨ 중과배제주택과 일반 주택 1채를 소유한 경우

①~⑧까지에 해당하는 중과배제주택과 일반 주택 1채를 소유한 경우, 일반 주택에 대해 중과세를 적용하지 않는다. 만약에 ①~⑧까지에 해당하는 중과배제주택과 일반 주택 2채를 소유하고 일반 주택 2채 중 1채를 양도하게 된다면, 중과세를 적용받게 된다.

⑩ 조정대상지역 공고일 이전에 매매계약을 체결한 주택

조정대상지역의 공고가 있는 날 이전에 해당 주택을 양도하기 위하여 매매계약을 체결하고 계약금을 지급받은 사실이 증빙서류에 의하여 확인되는 주택의 경우 중과세를 적용하지 않는다. 이는 매매계약서를 작성하고 매매잔금까지의 기간에 조정대상지역으로 지정되어 부득이하게 중과세가 되는 경우를 방지하기 위해 만들어졌다.

⑪ 보유 기간이 10년 이상인 주택으로 2020년 6월 30일까지 양도한 주택

보유 기간이 10년 이상인 주택을 2020년 6월 30일까지 양도하는 경우에 해당하는 주택은 중과세를 적용하지 않는다. 이때, 재개발이나 재건축사업을 통해서 취득한 주택의 경우에는 재개발이나 재건축사업으로 신축하기 전의 건물과 토지의 보유 기간을 합하여 계산한다.

⑫ 특례에 따라 1세대 1주택 비과세가 적용되는 주택

소득세법 및 조세특례제한법에 따라서 1세대 1주택 비과세가 적용되는 주택은 중과세를 적용하지 않는다. 해당 규정은 2021년 2월 17일에 신설됐는데, 기존에는 해당 규정이 없어서 비과세를 적용받았음에도 중과세를 적용받는 불합리한 경우가 많았다.

예를 들어보자. 나일시 씨는 A임대주택과 B주택을 소유하고 있는데, 이사를 가기 위해 B주택을 양도하고 C주택을 취득하게 되면서 일시적으로 3주택을 보유하게 됐다. 이때, 종전 주택인 B주택을 양도하게 되는 경우 A임대주택에 따른 거주 주택 비과세와 C주택을 취득함에 따라 일시적 1세대 2주택 비과세 특례가 중첩하여 적용이 가능하다.

그런데 중과세 규정에선 비과세 규정이 중첩으로 적용된다고 해서 중과세를 배제하지는 않는다. 1세대 1주택 비과세는 적용하되, 양도가액 9억 원(기존 규정)을 초과하는 부분에 대해서는 3주택 이상자에 대한 중과세를 적용한 것이다.

세법은 엄격해석의 원칙에 따라서 엄격하게 해석할 뿐만 아니라 행정 편의적으로 확장 해석을 하는 것을 허용하지 않는다.

하지만 법 제정이 아직 완전하지 못하기 때문에 비과세를 적용하면서 중과세도 적용하게 되는 이상한 혼종이 발생하게 됐고 사례와 같은 납세자들이 억울하게 많은 세금을 납부했다. 그에 따라 불합리한 제도를 개선하기 위해 신설된 규정이다.

집코노미 일시적 3주택 중과세 적용 제외한다

> **H** www.hankyung.com · realestate
>
> **집코노미 일시적 3주택 중과세 적용 제외한다 | 한경닷컴**
>
> 연합뉴스 감면주택이나 임대주택을 포함한 이른바 '일시적 3주택'에 대해 양도소득세 중과세 적용이 제외된다. 그동안 국세청이 중과세율 적용으로 유권해석 해왔지만 정부가 법 개정 과정에서 이를 뒤집은 것이다. 8일 기획재정부에 따르면 지난 7일 입법예고된 '소득세법 시행령' 개정안은 이 같은 내용을 담고 있다. 일시적 3주택...
>
> 2021.01.08.

출처 https://www.hankyung.com/realestate/article/202101080513i

위의 기사를 요약해보면 이렇다. 예컨대 일반 주택 A와 임대주택 B를 소유한 사람이 갈아타기를 위해 C주택을 새로 취득하면서 기존 A주택을 매각한다면 양도가액 9억 원(기존 규정)까지 비과세가 가능하다. 문제는 매각하는 A주택의 양도가액이 9억 원을 넘을 때다. 비과세 한도는 9억 원이기 때문이다. 앞서 2019년 2월 국세청은 양도가액 9억 원 초과분에 대해 A+B+C 3주택으로 보고 중과세율(조정대상지역일 경우)이 적용돼야 한다고 유권해석했다. 현재 기준으로 최고 62%, 2021년 6월 이후부턴 최고 75%의 세율이 적용되는 셈이다. 중과세율이 적용되면 장기보유특별공제 적용도 배제돼 세액이 급증한다.

논란이 되자 기재부는 시행령 개정에서 국세청의 해석을 완전히 뒤집고, 납세자의 손을 들어줬다. 중과세가 적용되는 주택의 범위를 합리화하겠다는 것이다. 그러나 세무업계는 정부의 조치가 소극적이라고 보고 있다. 정부가 시행령을 소급 적용하지 않고 개정안이 시행되는 2021년 2월 이후 양도분부터 적용하기로 해서다.

1세대 2주택자의 중과배제주택 범위

중과세는 1세대 2주택자와 1세대 3주택 이상자의 경우 범위가 조금 다르다. 1세대 3주택 이상자의 범위에서 몇 가지가 더 추가됐다고 생각하면 이해하기 쉽다. 다만, 여기서는 3주택 중과세와 중복된 부분도 제외하지 않고 서술했다.

① 1세대 3주택 이상자의 중과배제주택의 범위에 해당하는 주택

1주택 3주택 이상자의 중과배제주택 범위 중 ①~⑧까지에 해당하는 주택인 경우 1세대 2주택자에 대한 중과세를 적용하지 않는다.

② 부득이한 사정으로 다른 지역으로 이사를 가기 위해 취득한 주택

세대원 중 일부가 취학이나 근무상 형편, 질병 요양 등의 사유로 취득한 다른 시나 군 소재 주택은 중과세를 적용하지 않는다. 이 주택은 취득 당시 기준 시가 3억 원 이하여야 하며, 취득 후 1년 이상 거주하고 취학이나 근무상 형편, 질병 요양 등 사유가 해소된 날로부터 3년 이내 양도해야 한다.

③ 부득이한 사정으로 수도권 밖에 취득한 주택

세대원 중 일부가 취학이나 근무상 형편, 질병 요양 등의 사유로 취득한 수도권 밖에 소재하는 주택은 중과세를 적용하지 않는다. 위의 ②규정과 유사하나 가액 기준을 적용하지 않으며, 지역 기준이 다르다.

④ 봉양합가로 10년 이내 양도하는 주택

60세 이상의 부모를 봉양하기 위해 세대를 합친 1세대 2주택자는 봉양합가일로부터 10년 이내 양도하는 주택의 경우 중과세를 적용하지 않는다. 1세대 1주택 비과세 특례와 마찬가지로 부모를 봉양함에 따라 1세대 2주택이 된 경우에 대해 예외를 두고 있다.

⑤ 혼인으로 합친 주택

각각 1채씩 집을 소유한 남녀가 만나 혼인을 하면 세대가 합쳐지면서 1세대 2주택자가 되는데 혼인합가일로부터 5년 이내 양도하는 주택의 경우 중과세를 적용하지 않는다. 이 또한 1세대 1주택 비과세 특례와 마찬가지로 혼인을 통해 부득이하게 1세대 2주택이 된 경우에 대해 예외를 두고 있다.

⑥ 소송이 진행 중으로 소송 결과에 따라 취득한 주택

소송 진행 중이거나 소송 결과에 따라 취득한 주택은 확정판결일로부터 3년 이내 양도하면 중과세를 적용하지 않는다. 주택의 소유권에 대한 소송을 진행하게 되는 경우 소송의 특성상 긴 기간이 필요하여 다른 주택을 구매해서 거주할 수도 있으므로 예외를 두고 있다.

⑦ 일시적 1세대 2주택인 경우 종전 주택

일시적 1세대 2주택자로 신규 주택을 취득한 지 3년 이내에 종전 주택을 팔았을 경우 중과세를 적용하지 않는다. 일시적 1세대 2주택 비과세와 다른 점은 일관적으로 3년이라는 기간을 두고 있다는 점이다. 비과세 규정의 경우 해당 주택이 조정대상지역에 소재하느냐 아니냐에 따라서 1년 또는 3년의 규정을 적용해주고 있는 데 반해 중과세 규정은 일관적으로 3년을 적용한다.

예를 들어, 나조정 씨는 조정대상지역 내에 A주택과 B주택

2채를 보유하고 있다고 가정해보자. B주택을 취득하고 A주택을 1년 이내에 양도하게 된다면 일시적 1세대 2주택 비과세 혜택을 받을 수 있었지만 부동산 경기가 좋지 않아 A주택이 팔리지 않으면서 결국 B주택 취득일로부터 2년이 경과한 뒤 팔게 됐다. 이 경우 비과세를 적용받을 수 없으나 중과배제는 적용받아서 일반과세로 양도소득세를 납부하게 된다.

⑧ 기준 시가 1억 원 이하 소형주택

해당 주택의 양도 당시 기준 시가가 1억 원 이하인 소형주택은 중과세를 적용하지 않는다. 다만, 이때 재개발이나 재건축사업에 따라서 정비구역으로 지정된 지역에 소재한 주택은 제외하고 있다.

⑨ 중과배제주택을 제외한 1채의 일반 주택

1세대 2주택자가 ①부터 ⑥까지에 해당하는 주택을 제외하고 1개의 주택만을 소유하고 있는 경우의 해당 주택은 중과세를 적용하지 않는다.

⑩ 조정대상지역 공고일 이전에 매매계약을 체결한 주택

조정대상지역의 공고가 있는 날 이전에 해당 주택을 양도하기 위하여 매매계약을 체결하고 계약금을 지급받은 사실이 증빙서류에 의하여 확인되는 주택의 경우 중과세를 적용하지 않는다. 이는 매매계약서를 작성하고 매매잔금일까지의 기간에 조정대상지역으로 지정되어 부득이하게 중과세가 되는 경우를 방지하기 위해 만들어졌다.

⑪ 보유 기간이 10년 이상인 주택으로 2020년 6월 30일까지 양도한 주택

보유 기간이 10년 이상인 주택을 2020년 6월 30일까지 양도하는 경우에 해당 주택은 중과세를 적용하지 않는다. 이때, 재개발이나 재건축사업을 통해서 취득한 주택의 경우에는 재개발이나 재건축사업으로 신축하기 전의 건물과 토지의 보유 기간을 합하여 계산한다.

⑫ 상속 주택과 일반 주택을 각각 1채씩 소유하다 양도하는 일반 주택

1세대 1주택 비과세 규정에 해당하는 상속 주택과 일반 주택을 각각 1채씩 소유하고 있는 1세대가 일반 주택을 양도하는 경우 중과세를 적용하지 않는다. 다만, 일반 주택이 1세대 1주택 비과세 요건을 충족하여 비과세가 적용되는 주택이어야 한다.

⑬ 장기임대주택과 거주 주택을 각각 소유하다 양도하는 거주 주택

장기임대주택과 거주 주택을 소유하고 있는 1세대가 거주 주택을 양도하는 경우 중과세를 적용하지 않는다. 다만, 거주 주택이 1세대 1주택 비과세 요건을 충족하여 거주 주택 비과세가 적용되는 주택이어야 한다.

03
사례로 알아보는
중과세 적용 여부

**복잡하고 어려울 때
사례를 통해
쉽게 이해하기**

중과세는 매우 중요한 부분이기 때문에 사례를 통해 확실하게 인지하는 것이 좋다. 예를 들어보자.

　나중과 씨는 1세대 다주택자로 3개의 주택을 소유하고 있는데, A주택은 서울시 강남구에 위치하고 기준 시가가 10억 원이며, B주택은 충청북도 청주시에 위치하고 기준 시가가 4억 원이다.

구분	A	B	C
소재지	서울시 강남구	충청북도 청주시	강원도 원주시
기준 시가	10억 원	4억 원	2억 원

C주택은 강원도 원주시에 위치해 있고 기준 시가 2억 원이다. 각 주택에 따라 중과세가 어떻게 적용되는지 그 과정을 알아보자.

✅ A주택을 양도할 때

A주택을 양도할 때 먼저 조정대상지역에 속하는지를 확인하는데 서울시 전 지역이 다 조정대상지역이기 때문에 A주택은 조정대상지역에 속한다. 이것만으로도 중과세가 부과될 수 있는 조건이 된다.

그렇다면 두 번째 단계로 넘어가 지역 및 가액 기준을 살펴봐야 하는데 조정대상지역에 속하기 때문에 지역 기준에 해당되고, 기준 시가가 10억 원이기 때문에 가액 기준에도 해당되어 중과세 대상에 포함된다.

세 번째 단계는 1세대 2주택인지 1세대 3주택 이상인지 판단해야 한다. 전체 보유한 주택 중에서 B주택은 지역 기준에 해당되지 않으나 가액 기준이 3억 원을 초과하므로 중과세 대상 주택이고, C주택은 지역 기준 및 가액 기준에 둘 다 해당하지 않아 중과세 대상 주택이 아니다. 그 결과 A주택은 1세대 2주택에 따른 중과세율을 적용해야 한다.

구분	내용	해당 여부
1단계	조정대상지역 여부	○
2단계	지역 기준	○
	가액 기준	○
3단계	주택 수 판단	2주택 중과

✅ B주택을 양도할 때

B주택을 양도하는 경우도 A주택과 마찬가지로 중과세를 판단하는 단계를 거쳐야 한다. B주택은 현재 조정대상지역에 속하기 때문에 중과세를 염두에 둬야 한다. B주택은 지역 기준에는 해당되지 않으나 기준 시가가 4억 원으로 가액 기준에 해당되므로 중과세 대상이다.

그 다음으로 1세대 2주택인지 1세대 3주택인지 판단해야 하는데 전체 보유한 주택 중에서 A주택이 지역 및 가액 기준에 해당되어 중과세 대상 주택이고, C주택은 지역 및 가액 기준에 해당하지 않아 중과세 대상 주택이 아니다. 그 결과 B주택은 1세대 2주택에 따른 중과세율을 적용해야 한다.

구분	내용	해당 여부
1단계	조정대상지역 여부	O
2단계	지역 기준	X
	가액 기준	O
3단계	주택 수 판단	2주택 중과

✅ C주택을 양도할 때

중과세 판단 단계에 따라 C주택을 양도하는 경우 양도하는 주택이 조정대상지역에 소재하지 않으므로 중과세 대상 주택인지 확인할 필요가 없으며, 그에 따라 중과세 대상 주택 수 또한 판단하지 않아도 된다. 따라서, C주택을 양도할 경우 다주택자 중과세율이 아닌 기본세율을 적용한다.

구분	내용	해당 여부
1단계	조정대상지역 여부	X
2단계	지역 기준	판단할 필요 없음
	가액 기준	
3단계	주택 수 판단	판단할 필요 없음

다른 예로 살펴보자. 유중과 씨는 1세대 다주택자로, A주택은 서울시 영등포구에 위치하고 기준 시가가 2억 원이다. B주택은 충청북도 청주시에 위치하고 기준 시가가 4억 5,000만 원이다. C주택은 강원도 원주시에 위치해 있고 기준 시가가 5억 원이다. 각 주택에 따라 중과세가 어떻게 적용되는지 그 과정을 알아보자.

구분	A	B	C
소재지	서울시 영등포구	충청북도 청주시	강원도 원주시
기준 시가	2억 원	4억 5,000만 원	5억 원

✅ **A주택을 양도할 때**

양도하는 주택이 조정대상지역에 소재하여 중과세 대상 주택인지 확인해야 하는데 A주택을 양도하는 경우 서울시 영등포구에 위치하고 있기 때문에 조정대상지역이고, 기준 시가 2억 원이기 때문에 가액 기준에는 해당되지 않는다. 그럼에도 지역 기준에 해당하므로 중과세 대상 주택이라고 할 수 있다.

그렇다면 1세대 2주택인지 1세대 3주택인지 판단해야 하는데 전체 보유한 주택 중에서 B주택과 C주택은 지역 기준에 해당되지 않으나, 가액 기준이 3억 원을 초과하므로 중과세 대상 주택이다. 그 결과 1세대 3주택에 따른 중과세율을 적용해야 한다.

구분	내용	해당 여부
1단계	조정대상지역 여부	O
2단계	지역 기준	O
	가액 기준	X
3단계	주택 수 판단	3주택 중과

✅ B주택을 양도할 때

B주택은 조정대상지역에 소재하는 주택이므로 중과세 대상 주택 수를 판단해야 한다. B주택은 지역 기준은 해당하지 않으나 및 가액 기준이 중과세 판단 요건에 해당하므로 중과세 대상 주택이다.

그렇다면 1세대 2주택인지 1세대 3주택인지 판단해야 하는데 전체 보유한 주택 중에서 A주택은 지역 및 가액 기준에 해당되어 중과세 대상 주택이고, C주택은 지역 기준에 해당되지 않으나 가액 기준이 3억 원을 초과하므로 중과세 대상 주택이다. 그 결과 1세대 3주택에 따른 중과세율을 적용해야 한다.

구분	내용	해당 여부
1단계	조정대상지역 여부	○
2단계	지역 기준	X
	가액 기준	○
3단계	주택 수 판단	3주택 중과

✅ C주택을 양도할 때

C주택은 조정대상지역에 소재하지 않는다. 중과세는 조정대상
지역에 위치하느냐로 판단하기 때문에 C주택은 중과세 대상 주
택이 아니다. 따라서 기준 시가 5억 원으로 가액 기준에 초과하
더라도 중과세를 적용하지 않는다. 그 결과, C주택을 양도할 경
우 다주택자 중과세율이 아닌 기본세율을 적용한다.

구분	내용	해당 여부
1단계	조정대상지역 여부	X
2단계	지역 기준	판단할 필요 없음
	가액 기준	
3단계	주택 수 판단	판단할 필요 없음

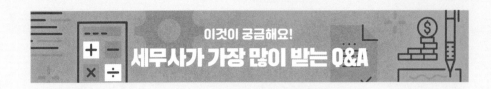

Q1 현재 조정대상지역 3주택자입니다. 2채는 취득할 때부터 공시가격 3억 원을 초과하고, 이번에 팔고자 하는 주택의 공시가격이 작년에는 2억 9,000만 원이었다가 올해 3억 1,000만 원이 됐는데 중과세가 적용될까요?

A1 양도소득세 중과세는 취득 당시가 아닌 양도 당시 공시가격을 기준으로 판단합니다. 따라서 작년에 공시가격이 3억 원 이하일지라도 양도일 현재 공시가격이 3억 원을 초과했다면 중과세 대상이 됩니다. 참고사항으로 주택공시가격은 매년 4월 30일 갱신이 되기 때문에 이 시점을 고려하여 양도를 계획하시기를 추천드립니다.

Q2 저는 1세대 1주택자입니다. 그런데 같은 날 거주하던 주택을 팔고 신규 주택을 샀습니다. 이 경우 2주택자로 보아 양도소득세를 내야 하나요?

A2 같은 날 주택을 취득하고 양도한 경우 주택의 취득 및 양도 순서는 주택을 양도하고 난 후 다른 주택을 취득한 것으로 봅니다. 따라서 1세대 1주택자로 양도한 후 새로운 주택을 취득했다고 판단할 수 있습니다.

Q3 저는 1세대 3주택자입니다. 3채 전부 조정대상지역에 있어 중과세 대상으로 알고 있습니다. 그중 1채는 다가구주택이어서 토지만 자녀에게 양도하려고 하는데 주택을 제외한 토지만 양도해도 중과세가 적용되나요?

A3 중과세 규정이 적용되는 다주택자에 해당되는 경우에는 중과세 대상 주택에 딸린 토지만을 양도한 경우일지라도 다주택자로 보아 중과세율을 적용하게 됩니다. 따라서 기본세율에 +30%p를 가산한 중과세율을 적용하여 양도소득세를 계산합니다.

Q4 1세대 3주택자입니다. 이 중 1채를 올해 양도하면서 3주택 중과세율을 적용하여 양도소득세를 신고 납부하였습니다. 그런데 알고 보니 1채가 중과배제주택으로 2주택 중과세율을 적용하면 된다는 사실을 뒤늦게 알았습니다. 과다 납부한 세액을 어떻게 돌려받아야 하나요?

A4 과다하게 납부한 세액은 법정 신고 기한 내 '경정청구' 제도를 통해 돌려받을 수 있습니다. 국세법령정보시스템 또는 국세청 홈택스에서 국세기본법 별지 제16호의 2 '과세표준 및 세액의 결정(경정)청구서' 양식을 내려받아 작성하여 국세청에 제출하면 됩니다. 담당 조사관이 관련 서류를 검토하고 납세자에게 연락을 드릴 겁니다. 해당 내용이 맞는다면 과다 납부한 세액과 국세환급가산금(이자상당액)을 포함하여 돌려받으실 수 있습니다.

Q5 다주택자라서 보유세 부담이 너무 크다 보니, 주택 중 일부를 양도하고 싶습니다. 그런데 예상되는 양도소득세가 너무나도 과중하여 의사 결정을 내리지 못하고 있습니다. 양도소득세 중과세가 완화될 수도 있을까요?

A5 다주택자 중과세의 경우 정책적 목적으로 일정 기간 완화되거나 법 자체를 폐지하는 경우가 있었습니다. 정확하게 말씀드리긴 어렵지만 중과세 관련 세제 정책을 살펴서 일반 과세로 양도할 수 있는 시기도 있지 않을까 하는 생각도 듭니다.

Q6 이사를 가기 위해 거주하고 있는 주택을 양도하려고 하는데, 양도소득세가 궁금합니다. 현재 거주하는 주택 1채와 시골 주택 1채, 임대사업자 등록을 한 주택 2채로 총 4채가 있습니다. 시, 군, 구청에 임대사업자 등록을 한 주택은 주택 수에서 제외하므로 2주택자로 보아 2주택 중과세가 적용되나요?

A6 임대사업자 등록을 했다고 해서 주택 수에서 배제한다는 것은 잘못된 내용입니다. 중과배제주택 중 요건을 갖춘 임대주택은 해당 임대주택을 양도할 경우에 중과세를 배제하게 됩니다. 따라서 주택 수에서 제외되는 것이 아니며, 문의하신 내용의 경우 시골 주택과 임대주택을 포함하여 3주택 이상자에 따른 중과세율을 적용받게 됩니다.

아는 만큼 보이는
세테크 8단계
-
부동산 법인과
부동산 대책 편

부동산 법인으로 절세하는
시대는 지났다

2020년 6월 17일 이후로 달라진 법인의 세테크

2020년 6월 17일 부동산 대책이 발표되기 전까지 부동산 법인으로 절세하는 것이 나름 유용했다. 한국감정원 통계에 의하면 2019년 1월 법인으로 거래된 아파트 건수가 561건이었던 반면 그해 12월에는 3,133건으로 늘었다.

그만큼 법인의 부동산 투자는 대출 규제의 범위가 적고, 보유세 및 양도소득세에서 개인 투자보다 다양하게 절세가 이뤄질 수 있었다. 이를 막고자 정부는 6.17(2020년 6월 17일) 부동산 대책을 내놓았다. 6.17 부동산 대책을 알아보기 전, 각 유형별로 과세 방법에는 어떤 차이가 있었는지 알아보자.

✅ 개인

개인이 주택을 양도하면 양도차익 혹은 양도차손이 생기는데 손해를 보고 집을 파는 경우는 극히 드물다 보니 대부분 양도차익이 생긴다. 그러면 개인은 양도소득세를 납부해야 하는 의무가 생긴다. 그리고 1세대 1주택 비과세, 다주택자의 중과세, 단기매매에 따른 중과세, 장기보유특별공제, 기본공제 250만 원 등 여러 규정에 의해 세액이 정해진다.

✅ 개인 매매사업자

개인적으로 부동산을 사고파는 사업을 하는 경우인데 이들은 양도차익을 종합소득세로 납부한다. 종합소득세는 부동산으로 인한 소득과 다른 종합소득을 합산해 세액을 결정한다.

만약 다른 소득금액과 합산하여 종합소득금액이 높을 경우에는 높은 세율을 적용받고, 부동산 매매에 따른 양도차익도 양도소득이 아니라 사업소득으로 분류하기 때문에 1세대 1주택 비과세, 장기보유특별공제 같은 비과세 혜택을 적용받을 수 없다.

다만 단기매매시 중과세 같은 불이익은 받지 않는다. 또 국민주택 규모(전용면적 85㎡)를 초과하면 양도할 때 건물분에 대해 10%의 부가가치세를 납부해야 한다.

하지만 매매사업자는 경비 처리의 범위가 비교적 넓기 때문에 자본적지출 외에도 수리비와 이자비용까지 경비로 처리할 수 있을 뿐만 아니라 단기매매를 할 경우, 양도소득세 중과세(40%)를 적용받지 않고 소득세율(6~42%)을 적용받기 때문에 세금 부담이 적어진다.

그러나 이 부분도 2018년 4월 1일부터 확 달라졌다. 양도소득세 중과세 규정이 생기면서 매매사업자에게도 비교과세 규정이 적용되어 조정대상지역에 있는 집을 매매했다면 양도소득세와 종합소득세를 비교해 금액이 더 높은 쪽으로 세금을 부과하는 식으로 바뀌었다. 이 시기를 기점으로 매매사업자의 조정대상지역에서의 절세는 더 이상 통용되지 않는다.

⊘ 법인

법인사업자가 부동산을 양도하면 10~25%의 법인 세율을 적용받는다. 물론 주택, 별장, 비사업용 토지를 매매할 때는 양도차익의 10%(주택의 경우 20%)의 추가법인세를 내야 한다.

다주택자의 경우 조정대상지역에 소재한 부동산을 매각할 때 양도소득세가 중과세될 뿐만 아니라 단기매매의 경우 40%의 높은 세율이 적용된다. 반면 법인은 지역과 보유 기간과는 상관없이 10~20%의 낮은 법인세율을 적용하기 때문에 이 부분에서 개인보다 비교적 유리한 측면이 있다.

개인에게 적용하는 장기보유특별공제가 법인에선 적용되지 않지만 경비 처리의 범위가 넓기 때문에 이것으로 대체할 수도 있다. 결론적으로 말하면 소득이 클수록 법인이 유리한 점이 많다.

이전에 행했던 부동산 법인 절세 전략

2020년 이전까지만 해도 부동산 법인을 통한 절세법이 인기를 끌었다. 왜 법인을 통한 부동산 투자가 인기를 끌었는지 간략하게 살펴보자.

⊘ 한층 낮은 법인세율

개인 소득세율보다 법인세율이 훨씬 낮은 편이다. 임대소득으로 비교하자면 개인은 임대소득금액이 연 1억 원일 때 약 2,200만 원의 종합소득세가 과세되지만 법인은 약 1,100만 원만 과세된다. 특히 전세로 임대할 경우 간주임대료를 포함하지 않기 때문에 임대사업에선 개인보다 법인이 더 유리한 부분이 많았다.

✅ 조정대상지역 다주택의 경우 중과세가 없다

개인은 조정대상지역에 소재한 주택을 팔 때 양도소득세가 중과세 되지만 법인은 지역과 주택 수에 상관없이 중과세가 없었다. 그러나 법인은 주택, 별장, 비사업용 토지를 양도할 때 양도차익의 10%를 추가법인세로 납부해야 한다. 여기서 상가, 분양권, 조합원입주권은 추가법인세가 없다.

✅ 시기와 상관없이 기본세율

개인이 단기 매매를 할 경우 40~50%의 높은 세율을 적용받지만 법인은 보유 기간과 상관없이 단기매매의 경우 10~20%의 낮은 법인세율로 과세했다. 만약 오늘 경매로 낙찰받은 건물을 내일 판다고 해도 법인세율은 달라지지 않았다.

✅ 폭넓은 경비 처리

개인이 양도소득세에서 자본적지출만 제한적으로 경비 처리를 적용받았던 반면 법인은 인건비와 함께 법인 사업과 관련된 비용 대부분을 경비로 처리할 수 있다.

✅ 개인과 별도로 과세

만약 다주택자 중과세 때문에 부동산 투자를 망설였다면 법인은 이 문제를 쉽게 해결할 수 있다. 개인이 소유한 주택과 법인이 소유한 주택이 별도로 과세되기 때문에 1채 혹은 2채만 개인이 소유하고, 그 외의 주택은 법인 명의로 취득하면 세 부담을 크게 줄일 수 있다. 별도로 과세한다는 측면은 종합부동산세에서도 절세할 수 있는 가장 큰 부분이었다.

✅ 취득세율은 오르고 법인세율은 기존 그대로

다주택자의 경우 주택을 추가로 취득하면 4%의 취득세율을 적용받으나 법인은 주택 수에 관계없이 1~3%의 취득세율을 적용받았다. 동일한 10억 원짜리 주택을 취득해도 개인과 법인의 취득세는 작게는 1,000만 원에서 크게는 3,000만 원까지 차이가 난다.

✅ 납부 기한의 여유

양도소득세는 양도한 날로부터 2달 뒤 말일까지 양도소득세를 납부해야 한다. 하지만 법인은 과세기간(보통은 1월 1일부터 12월 31일까지) 동안의 소득을 과세기간 종료일로부터 3개월 뒤 말일까지 납부한다. 법인세는 양도소득세에 비해 세금을 납부하기까지 상당 기간 여유가 있어서 해당 기간 동안 다른 곳에 재투자를 하거나 이자를 받을 수도 있으니 잘 활용하면 도움이 될수 있다.

✅ 주택 임대사업자로 등록하면 추가법인세 면제

개인과 마찬가지로 법인의 경우에도 주택 임대사업자로 등록할수 있다. 개인이 세무서와 구청에 주택 임대사업자로 등록하고임대 의무 기간을 충족한다면 다주택자 중과세에서 제외되는 것과 동일하게 법인 또한 추가법인세를 면제해준다. 물론 임대 개시일 당시 기준 시가가 6억 원(비수도권 3억 원) 이하여야 한다.

6월 17일 이후 어떻게 달라졌나?

아쉽게도 위의 사항은 6.17 부동산 대책이 나오기 이전의 내용이다. 6.17 부동산 대책에서 법인 보유 주택에 대한 종합부동산세율이 인상됐기 때문이다. 6.17 부동산 대책에서 법인의 세율이 어떻게 달라졌는지 하나하나 살펴보자.

✅ 법인 보유 주택에 대한 종합부동산세율 인상

개인과 법인에 대한 구분 없이 납세자별로 보유 주택의 공시가격을 합산하여 종합부동산세를 부과했다. 그래서 법인 부동산 투자는 법인 여러 개를 설립해 각 법인마다 주택을 1채씩 보유하여 종합부동산세를 회피하는 형태가 많았다. 과세관청은 이를 막고자 법인 보유 주택에 대해 최고세율을 3%, 4%를 적용하겠다고 발표했다. 이는 주택공시가격이 10억 원인 경우 3,000만 원 내지 4,000만 원의 종합부동산세가 부과되는 격이므로 주택을 소유한 법인에게 큰 타격이 가해졌다.

✅ 법인 보유 주택에 대한 종합부동산세 공제(6억 원)와 세부담상한 폐지

앞서 말한 바와 같이 법인을 여러 개 설립하여 각 법인마다 주택을 1채씩 보유하는 경우 각 법인별로 6억 원씩 종합부동산세 공제를 적용받았으나 이를 폐지했다. 이에 따라 법인이 주택을 소유하는 형태가 오히려 납세자에게는 독이 됐으며 세부담상한이 없어짐에 따라 세 부담이 더욱 가중됐다.

✅ 법인의 조정대상지역 내 신규 임대주택에 대해 종합부동산세 과세

기존에는 법인이 조정대상지역 내 주택을 신규로 취득하여 임대사업자로 등록한 경우 개인과는 다르게 종합부동산세 합산배제를 적용했으나 2020년 6월 18일 이후 등록하는 임대주택에 대해서는 종합부동산세 합산배제를 적용하지 않도록 개편했다.

✅ 법인의 조정대상지역 내 신규 임대주택에 대해 중과세 적용 및
· 법인이 보유한 주택 양도시 추가세율 인상

법인이 주택을 양도하는 경우 기본 법인세율에 10%만 중과하는 방식이었으며 법인의 임대주택의 경우 중과세를 제외했으나 2021년 1월 1일 이후 양도하는 주택부터는 중과세율을 20%로 인상하고, 2020년 6월 18일 이후로 등록하는 임대주택에 대해서는 법인세 중과세를 예외없이 적용하도록 개편했다.

6.17 부동산 대책 요약 정리

- 법인 보유 주택에 대한 종합부동산세율 인상
  : 2020년 과세분부터

- 법인 보유 주택에 대한 종합부동산세 공제(6억 원) 폐지
  : 2020년 과세분부터

- 법인의 조정대상지역 내 신규 임대주택에 대해 종합부동산세 과세
  : 2020년 6월 18일 이후 등록분부터

- 법인의 조정대상지역 내 신규 임대주택에 대해 중과세 적용 및 법인이 보유한 주택 양도시 추가세율 인상
  : 2020년 6월 18일 이후 등록분부터 / 2021년 1월 1일 이후 양도분부터

7.10 부동산 대책을 통해 한 번 더 세율 인상

6.10 부동산 대책으로 법인 보유 주택에 대해 종합부동산세율을 3% 내지 4%를 적용하겠다고 했으나 같은 해인 2020년 7월 10일 다시 부동산 정책이 발표됐다.

조정대상지역 내 1주택 및 그 외 2주택 이하를 소유한 법인에

는 3%를 유지하고, 조정대상지역 내 2주택 및 그 외 지역 3주택 이상 소유 법인에게는 4%에서 6%로 증가한 종합부동산세율을 적용하겠다고 발표한 것이다.

그리고 다주택자와 법인의 취득세율을 12%의 세율을 적용하도록 했다. 그렇기 때문에 법인의 절세 효과는 그다지 높지 않게 됐다.

개인에게 다주택자 양도소득세 중과 및 보유세 인상을 통해 제재를 가했던 탓인지 법인을 통한 주택 투자가 많은 기승을 부렸으나 앞서 언급한 6.17 부동산 대책을 통해서 법인을 통한 주택 투자를 거의 완벽하게 막아냈다고 볼 수 있다.

법인이 주택을 취득하게 되는 경우 대책 발표 이전의 경우 일반적인 세율(매매 취득 1~3%)을 적용했으나 6.17 부동산 대책과 7.10 부동산 대책 발표 이후 법인이 부동산을 취득하는 경우 취득세 최고세율인 12%를 일괄적으로 적용하게 된 것이다.

법인이 취득한 주택을 보유하게 된다면 개인과 동일하게 보유세가 과세된다. 특히 종합부동산세의 경우 세율을 대폭 상승시켰으며 기본공제(6억 원)의 적용을 배제했다. 그에 따른 종합부동산세 부담이 상당한 규모로 확대됐다.

법인이 보유하던 주택을 처분하게 되는 경우 주택의 양도차익에 대해서 법인세를 신고하고 납부해야 한다. 다만 법인이 주택을 양도하는 경우에는 일반적인 법인세보다 10%를 중과하도록 하는데, 해당 중과세율을 20%로 상승시켜 법인의 주택에 대한 양도차익의 상당 부분을 법인세로 납부하게 됐다.

예를 들어 한 법인 회사가 매매가액 10억 원(공시가격 7억 원)의 주택을 취득하고 3년 정도 보유했다가 15억 원에 양도했다고 가정해보자.

이 회사는 해당 주택을 취득할 때 취득세의 경우 매매가액 10억 원에 12%를 곱한 1억 2,000만 원을 부담했으며, 취득한 후 보유하는 3년간 공시가격 7억 원(계산 편의를 위해 공시가격은 동일하다고 가정)에 3%를 곱한 2,100만 원을 매년 종합부동산세로 납부했다.

그 후 해당 주택을 15억 원에 양도하니 양도차익 3억 8,000만 원에 대해 법인세율 20%와 중과세율 20%를 더한 40%의 세율을 적용받게 된 것이다. 이에 따른 세금을 계산해보면 대책 발표 전과 후 약 2배의 세금 부담 차이가 나는 것을 확인할 수 있다.

• 6.17 부동산 대책에 따른 부동산 법인의 세액 비교

구분		2020년 6월 17일 이전		2020년 6월 17일 이후	
		세액	세율	세액	세율
취득세		30,000,000원	3%	120,000,000원	12%
종합 부동산세	1년차	500,000원		21,000,000원	
	2년차	500,000원	0.5%	21,000,000원	3%
	3년차	500,000원		21,000,000원	
법인세		133,100,000원	33%	145,200,000원	44%
합계		164,600,000원		328,200,000원	

* 개정 전후 규정을 적용하여 3년간 보유했을 때 종합부동산세액
* 법인 세법상 매매차익은 매각대금에서 취득가액 및 취득세를 제외한 금액이다.
  2020년 6월 17일 이전 매매차익 : 470,000,000원
  2020년 6월 17일 이후 매매차익 : 380,000,000원

※ 법인세율 : 과세표준 2억 원까지 10%, 2억 원 초과분 20%
※ 3년간 보유하고 매각한 경우 2020년 6월 17일 부동산 대책 전후의 투자 수익 차이는 약 1억 6,300만 원이다.

이렇듯 법인이 주택을 취득하여 보유한 후 양도하게 되는 각 단계마다 강력한 제재를 가하여 투기 목적을 가진 법인의 주택 편법 거래를 방지했다. 정부가 이렇게 강력하게 제재를 가하는 취지는 개인이 다주택자에 대한 무거운 세금과 대출 규제 등을 피하기 위해 법인으로 우회하는 부동산 투기 수요를 잠재우기 위해서다.

대책 발표 전에는 법인이 주택을 보유함에 따라 주택 투기 방지 대책을 회피할 수 있었다. 그러나 이에 대한 내용이 널리 알려지고, MBC「PD수첩」등 다양한 매체에서도 활발하게 보도함에 따라 과세관청은 발 빠르게 대응하여 법인을 새로운 투기 수단으로 활용할 수 없도록 조치했다.

02

부동산 대책은
이렇게 흘렀다

부동산 대책을 통해
알아보는 세법

이 책의 흐름은 부동산 취득, 보유, 처분으로 나눠 각 단계에 맞게 여러 가지 세테크에서 꼭 알아야 할 점들을 설명했다. 각 단계를 거치면서 독자들이 가장 이해하기 힘든 부분은 부동산 대책이 너무 많다는 점이 아닐까 싶다. 따라서 이 장을 통해 부동산 대책의 주요 내용을 이해하기 쉽게 정리했다.

8.2 부동산 대책
(2017년 8월 2일)

2017년 8월 2일 발표한 부동산 대책은 부동산 규제의 첫 발자국으로써 다주택자 중과세를 도입한 대책이다. '실수요 보호와 단기 투기 수요 억제를 통한 주택시장 안정화 방안'이라는 제목으로 발표됐으며, 주택시장 동향에 따라서 투기과열지구, 투기지역, 조정대상지역(서울 전 지역, 경기 7개시, 부산 7개구, 세종시)을 지정했고, 양도소득세 강화와 다주택자 금융 규제를 강화했다. 뿐만 아니라 다주택자의 임대 등록을 유도했다.

✅ 다주택자 양도소득세 중과, 장기보유특별공제 배제

2주택 이상 다주택자(조합원입주권 포함)가 조정대상지역 내 주택을 양도할 때 양도소득세 중과 및 장기보유특별공제 적용을 배제했다. 2018년 4월 1일 이후 양도분부터 적용하며, 일부 중과배제주택에 대해서는 중과세를 적용하는 것을 배제했다.

✅ 1세대 1주택 양도소득세 비과세 요건 강화

조정대상지역 내 1세대 1주택 비과세 부분에 거주 요건을 추가했다. 기존에는 2년 이상 보유 요건만 충족하면 비과세 적용이 가능했으나, 2017년 8월 3일 이후 취득하는 주택부터는 2년 이상 보유 및 2년 이상 거주를 충족해야 비과세를 적용하도록 개정했다.

✅ 분양권 전매시 양도소득세 강화

조정대상지역에서 분양권을 전매하는 경우 보유 기간과 관계없이 양도소득세율을 50%로 대폭 상승했다. 기존 분양권 전매의 경우 1년 미만 보유시 50%, 2년 미만 보유시 40%, 2년 이상 보유시 기본세율을 적용했으나 2018년 1월 1일 이후 양도하는 분양권부터는 강화된 양도소득세를 적용하도록 개정했다.

8.2 부동산 대책 요약 정리

- 다주택자 양도소득세 중과세, 장기보유특별공제 배제
  : 2018년 4월 01일 이후 양도분부터

- 1세대 1주택 양도소득세 비과세 거주 요건 2년 추가
  : 2017년 8월 3일 이후 취득분부터

• 조정대상지역 내 분양권 전매시 양도소득세율 50% 적용
: 2018년 1월 1일 이후 양도분부터

9.13 부동산 대책 (2018년 9월 13일)

8.2 부동산 대책으로도 주택 투기 수요가 사그라지지 않자 정부는 2018년 9월 13일에 9.13 부동산 대책을 새로이 발표했다. 특히 서울과 서울 인근 지역의 가격 상승세가 빠르게 확산되어 있어 종합부동산세의 세율을 인상했으며 주택담보대출의 금지, 양도소득세 비과세 기준 강화, 조정대상지역 내 주택 취득이나 임대사업자 등록시 양도세 중과, 종합부동산세의 규제가 시행됐다.

✅ 종합부동산세 세율 인상

종부세의 경우 주택 수에 관계없이 낮은 세율을 유지하고 있었으나 9.13 부동산 대책을 통해 주택 수에 따라 세율을 분리했다. 기존 일반세율을 0.2~0.7%가량 높였으며, 조정대상지역 2주택과 그 외 지역 3주택 이상자에 대한 세율은 일반세율에 비해 0.1~1.2%까지 높였다.

✅ 고가 1주택자의 장기보유특별공제 요건 강화

고가주택을 가진 1주택자의 경우 거주 기간에 상관없이 보유 기간에 따라 최대 80%의 장기보유특별공제를 적용했으나, 2020년 1월 1일 이후 양도하는 주택부터는 2년 이상 거주한 경우에 한하여 장기보유특별공제를 적용할 수 있도록 개정했다.

☑ 조정대상지역 일시적 2주택 중복 보유 허용 기간 단축

조정대상지역의 일시적 2주택자는 신규 주택 취득 후 2년 이내에 종전 주택을 양도해야 양도소득세를 비과세 적용할 수 있게 개정했다. 기존 양도소득세의 경우 신규 주택 취득 후 3년 이내에 종전 주택을 양도하면 비과세 적용이 가능했으나 2018년 9월 14일 이후 취득하는 주택에 대해서는 2년으로 축소했다.

☑ 조정대상지역 신규 취득 임대주택 양도소득세 중과 및 종합부동산세 과세

기존 임대주택의 경우 양도소득세 중과배제 및 종합부동산세 합산배제를 적용했다. 하지만 2018년 9월 14일 이후 취득하는 주택에 대해서는 임대사업자로 등록해도 양도소득세를 중과하며 종합부동산세 합산배제를 적용하지 않도록 개정했다.

9.13 부동산 대책 요약 정리

- 종합부동산세 세율 인상 : 2019년 과세분부터

- 고가 1주택자의 장기보유특별공제 적용시 2년 거주 요건 추가 : 2020년 1월 1일 이후 양도분부터

- 조정대상지역 일시적 2주택 중복 보유 허용 기간 2년으로 단축 : 2018년 9월 14일 이후 취득분부터

- 조정대상지역 신규 취득 임대주택 양도소득세 중과, 종합 부동산세 과세 : 2018년 9월 14일 이후 취득분부터

기존 대책으로도 강남 3구(강남구, 서초구, 송파구)의 주택가격이 좀처럼 안정화를 이루지 못하자 정부는 1년 3개월 만에 새로운 대책을 발표했다. 주요 발표 내용으로는 종합부동산세 세율을 상향 조정했으며 각종 조세의 기준이 되는 공시가격을 현실화하겠다는 내용, 1세대 1주택자 장기보유특별공제에 거주 요건 추가, 조정대상지역 일시적 2주택자에게 전입 요건 추가 및 중복 보유 기간 1년으로 단축 등 가장 많은 세제 규제가 있었던 대책으로 볼 수 있다.

✅ 종합부동산세 세율 상향 조정 및 세부담상한 상향 조정

종합부동산세 세율을 상향한 지 얼마 되지 않아 추가적으로 재차 상향 조정했다. 일반세율은 0.1~0.3%가량 상승시키고, 조정대상지역 2주택과 그 외 지역 3주택 이상자에 대한 세율을 0.2~0.8%까지 높였다.

급작스럽게 종합부동산세 부담이 늘어나는 경우를 방지하기 위해 세부담상한 제도를 두고 있는데, 대책을 통해 조정대상지역 2주택자 세부담상한을 200%에서 300%로 확대했다.

예를 들어 작년에 종합부동산세를 100만 원 납부하고 올해 종합부동산세가 500만 원으로 증가했다면 기존 규정의 경우 세부담상한에 의해서 200만 원까지 납부하도록 했으나, 이를 확대시켜 300만 원의 종합부동산세를 납부하도록 했다.

✅ 종합부동산세 1주택 보유 고령자 세액공제율 및 합산공제율 확대

정부에서 내놓는 부동산 대책의 경우 마냥 규제만 하는 것이 아니라 혜택도 있었다. 종합부동산세 1주택 보유 고령자의 경우 최대 30%(70세 이상의 경우)까지 적용 가능했으나 연령대별

10%씩 높여 최대 40%까지 올렸다. 그에 따라 고령자공제와 장기보유공제의 합계액도 동시에 10% 상향됐다.

기존				개정			
고령자		장기 보유		고령자		장기 보유	
연령	공제율	보유 기간	공제율	연령	공제율	보유 기간	공제율
60~65세	10%	5~10년	20%	60~65세	20%	5~10년	20%
65~70세	20%	10~15년	40%	65~70세	30%	10~15년	40%
70세~	30%	15년~	50%	70세~	40%	15년~	50%
공제 한도 : 고령자+장기보유 합계 70%				공제 한도 : 고령자+장기보유 합계 80%			

✅ **공시가격 현실화율 제고**

종합부동산세, 취득세, 재산세 등 과세의 기준이 되는 공시가격이 현실과의 괴리로 면밀하게 반영하지 못한다고 판단하여 시세 변동률을 공시가격에 반영하여 시가 대비 80% 수준까지 반영하도록 개편했다.

✅ **1세대 1주택자 장기보유특별공제에 거주 기간 요건 추가**

1세대 1주택자의 경우 보유 기간에 따라서 장기보유특별공제를 적용했으나 거주 기간과 보유 기간 2가지로 구분하여 산정하도록 했다. 2021년 1월 1일 이후 양도하는 주택부터는 거주 기간, 보유 기간마다 각각 4%씩 계산하도록 했으며, 기존과 동일하게 최대 80% 장기보유특별공제를 적용할 수 있도록 했다.

✅ 조정대상지역 일시적 2주택자 전입 요건 추가 및
중복 보유 허용

조정대상지역의 일시적 2주택자의 경우 신규 주택을 취득하고 종전 주택을 신규 주택 취득일로부터 2년 이내에 양도시 1주택으로 보아 비과세 혜택을 적용했으나 대책 발표 다음 날인 2019년 12월 17일부터 이를 단축하여 1년으로 축소했으며 1년 이내에 전입 요건을 추가하여 실거주 목적의 수요자에게만 혜택을 주도록 발표했다.

✅ 조정대상지역 다주택자 양도소득세 중과시
주택 수에 분양권도 포함

기존에는 다주택자 여부 판단시 분양권을 주택 수에 포함하지 않았으나 2021년 1월 1일 이후에는 조정대상지역 내 주택 양도시 양도소득세 중과를 위한 주택 수 계산에 분양권(2021년 1월 1일 이후 취득분부터)을 포함하도록 했다.

✅ 2년 미만 보유 주택에 대한 양도소득세율 인상

주택의 경우 주거 안정화를 위해서 1년 미만 40%, 1년 이상은 기본세율을 적용하고 있었으나 2021년 1월 1일부터는 보유 기간 1년 미만의 주택의 경우 50%, 1년 이상 2년 미만의 주택의 경우 40%의 양도소득세율을 적용하기로 발표했다.

✅ 조정대상지역 내 다주택자 양도소득세 중과 한시적 배제

12.16 부동산 대책에서 가장 눈여겨볼 부분이다. 대책 발표일 다음 날인 2019년 12월 17일부터 2020년 6월 30일까지 양도하는 주택(10년 이상 보유한 주택에 한정)에 대해서 다주택자 중과

세를 배제하며, 장기보유특별공제 또한 적용하는 부분이다. 많은 다주택자들이 이때를 놓치지 않고 양도하여 중과세를 면할 수 있었다.

12.16 부동산 대책 요약 정리

- 종합부동산세 세율 상향 조정 및 세부담상한 상향 조정
  : 2020년 과세분부터

- 종합부동산세 1주택 보유 고령자 세액공제율 및 합산공제율 확대 : 2020년 과세분부터

- 공시가격 현실화율 제고 : 2020년 공시분부터

- 1세대 1주택자 장기보유특별공제 보유 기간 및 거주 기간 별도 계산 : 2021년 1월 1일 이후 양도분부터

- 조정대상지역 일시적 2주택자 1년 내 양도 및 1년 내 전입 요건 추가 : 2019년 12월 16일 이후 취득분부터

- 조정대상지역 다주택자 양도소득세 중과시 주택 수에 분양권도 포함 : 2021년 1월 1일 이후 취득분부터

- 2년 미만 보유 주택에 대한 양도소득세율 인상
  : 2021년 1월 1일 이후 양도분부터

- 조정대상지역 내 다주택자 양도소득세 중과 한시적 배제
  : 2019년 12월 17일~2020년 6월 30일 기간 이내 양도

6.17 부동산 대책
(2020년 6월 17일)

6.17 부동산 대책은 앞에서 설명했으니 여기서는 내용을 생략하고 요약 정리만 남겨두었다. 더 자세한 내용은 288~290페이지를 참조하기 바란다.

6.17 부동산 대책 요약 정리

- 법인 보유 주택에 대한 종합부동산세율 인상
  : 2020년 과세분부터

- 법인 보유 주택에 대한 종합부동산세 공제(6억 원) 폐지
  : 2020년 과세분부터

- 법인의 조정대상지역 내 신규 임대주택에 대해 종합부동산세 과세
  : 2020년 6월 18일 이후 등록분부터

- 법인의 조정대상지역 내 신규 임대주택에 대해 중과세 적용 및 법인이 보유한 주택 양도시 추가세율 인상
  : 2020년 6월 18일 이후 등록분부터 / 2021년 1월 1일 이후 양도분부터

7.10 부동산 대책 (2020년 7월 10일)

주택에 대해 양도소득세 및 종합부동산세를 강화하니 증여를 통해 이를 벗어나는 납세자들이 많아짐에 따라 취득세에 대한 대대적인 개편 및 기존 부동산 대책의 수정을 통해 투기 수요를 완전히 통제하게 됐다.

✅ 다주택자 대상 종합부동산세 중과세율 인상

2차례 종합부동산세를 인상했음에도 불구하고 3번째 종합부동산세를 인상했다. 기본세율의 경우 기존 12.16 부동산 대책 당시 증가된 세율을 유지했으며, 조정대상지역 2주택과 그 외 지역 3주택 이상자에 대한 세율의 경우 0.4~2.0%까지 높였다.

✅ 다주택 보유 법인에 대해 종합부동산세율 최고세율 6% 적용

6.17 부동산 대책으로 법인 보유 주택에 대해 종합부동산세율을 3% 내지 4%를 적용하겠다고 했으나, 조정대상지역 내 1주택 및 그 외 2주택 이하를 소유한 법인에는 3%를 유지하고 조정대상지역 내 2주택 및 그 외 지역 3주택 이상을 소유한 법인에는 4%에서 6%로 증가한 종합부동산세율을 적용하겠다고 발표했다.

✅ 단기 보유 주택에 대한 양도소득세율 인상

12.16 부동산 대책을 통해서 단기 보유 주택에 대한 양도소득세율을 한 차례 인상했으나 해당 규정이 시행되기도 전에 7.10 부동산 대책을 발표하여 파격적인 세율 인상을 적용하게 됐다. 2021년 6월 1일부터는 보유 기간 1년 미만 주택에 대해서 70%의 양도소득세율, 1년 이상 2년 미만 주택에 대해서는 60%의 양도소득세율을 적용하여 단기간 내 양도한 주택에 대한 이익을 원천봉쇄하고자 하는 움직임이 보였다.

✅ 조정대상지역 내 다주택자 양도소득세 중과세율 인상

기존 다주택자 양도소득세 중과세율의 경우에도 상당히 높은 세율 구간을 유지하고 있었으나 2021년 6월 1일부터는 기존 중과세율보다 10% 증가한 세율을 적용했다. 2주택자의 경우에는 기본세율+20%, 3주택이상자의 경우에는 기본세율+30%이니 최대 75%의 세율까지 적용 가능한 상태로 개편됐다.

✅ 다주택자, 법인 등에 대한 취득세율 인상

취득세는 기존에 개정사항이 많이 두드러지지 않았으나, 이번 대책을 통해 2주택자의 경우 8%의 취득세율을 적용하고 3주택자 이상과 법인의 경우에는 12%의 세율을 적용하도록 했다. 이러한 급격한 인상은 기존세율보다 2배 내지 3배가량 상승한 세율이라 납세자들의 반발이 컸다.

7.10 부동산 대책 요약 정리

- 다주택자 대상 종합부동산세 중과세율 인상
  : 2020년 과세분부터

- 다주택 보유 법인에 대해 종합부동산세율 최고세율 6% 적용 : 2020년 과세분부터

- 단기 보유 주택에 대한 양도소득세율 인상
  : 2021년 6월 1일 이후 양도분부터

- 조정대상지역 내 다주택자 양도소득세 중과세율 인상
  : 2021년 6월 1일 이후 양도분부터

- 다주택자, 법인 등에 대한 취득세율 인상
  : 2021년 8월 12일 이후 취득분부터

부동산 세금은
어렵다!

이 책을 끝까지 읽은 독자 분들께 감사의 인사 및 응원의 박수를 보내드린다.

본 저자들도 전문서적의 책을 사놓고 끝까지 읽은 경우가 많지 않았던 경험을 돌이켜보면 완주해냈다는 사실 하나만으로도 큰 성과이며, 한 단계 발전한 것이다.

『부동산 부자만 아는 비밀 세테크』에서는 부동산 세법과 관련된 기초 용어부터 취득, 보유, 양도 각 단계별로 자세한 내용을 풀어 설명하고자 했고, 이를 활용하여 어떻게 절세 전략을 세워 나갈지에 대한 내용을 주로 다루었다.

부동산은 취득하는 순간부터 양도하는 순간까지 세금 이슈가 끊이지 않는다. 부동산은 주식과는 다르게 환금성이 높지 않기 때문에 계약시부터 매우 신중해야 하며 아무런 계획 없이 계약을 한 후 세금을 줄이고자 하는 자세는 바람직하지 않다.

주식 투자를 하려면 기업에 대한 분석이 선행되어야 하는 것처럼 부동산 투자의 시작은 세법에 대한 기본적인 이해와 계약 전 충분한 검토가 아닐까 싶다. 부동산 투자에서 세금은 매우 중요한 부분을 차지하지만 모든 내용을 섭렵하기에는 어렵기 때문에, 전문세무사가 존재하는 것이고 이를 활용하는 지혜를 가져야 한다.

이 책을 내기까지 많은 분들의 도움이 있었다. 꼼꼼하게 원고를 감수해준 ㈜퍼시픽도도 직원 분들께 우선 감사 인사를 전한다. 항상 아낌없는 조언과 지혜를 주신 선배, 동료 세무사님들께도 감사 인사를 전한다. 여러 전문가 분들이 있었기에 이 책을 완성할 수 있었다.

무엇보다 오랜 기간 동안 밤늦게까지 집필한 서로에게도 고생했다는 말을 하고 싶다. 세무사로 시작할 때부터 마음이 맞아 함께하면서 서로 의지하는 동료가 되어 이렇게 공동 집필을 하게 되었고, 결실을 맺어서 감회가 새롭다. 새로운 도전과 출발을 서로 응원한다.

마지막으로 세상에서 가장 존경하는 부모님과 늘 용기를 주는 가족들에게 이 책을 바친다.

세무사 **김동완, 박정현**

부동산
부자만 ·아는·
비밀 세테크

초판 1쇄 인쇄 2022년 4월 13일
초판 1쇄 발행 2022년 5월 10일

—

글 김동완, 박정현

—

발행인 최명희
발행처 (주)퍼시픽 도도

—

회장 이웅현
기획 · 편집 홍진희
디자인 김진희
홍보 · 마케팅 강보람
제작 퍼시픽북스

—

출판등록 제 2014-000040호
주소 서울 중구 충무로 29 아시아미디어타워 503호
전자우편 dodo7788@hanmail.net
내용 및 판매 문의 02-739-7656~7

—

ISBN 979-11-91455-64-9(13320)
정가 18,000원